불신의 공동체:

그리고 장애를 생각하다

베스텐트 한국판 11호

WestEnd
Neue Zeitschrift für Sozialforschung
19. Jg., Heft 2, 2022

Herausgegeben im Auftrag des Instituts für
Sozialforschung an der Johann Wolfgang
Goethe-Universität, Frankfurt am Main, und
der Gesellschaft für Sozialforschung,
Frankfurt am Main, von:

Sidonia Blättler   Axel Honneth
Stephan Lessenich   Johannes Völz
Greta Wagner

In Verbindung mit:
Sonja Buckel   Klaus Günther
Kai-Olaf Maiwald   Sarah Nies
Juliane Rebentisch   Martin Saar
Sarah Speck

Wissenschaftlicher Beirat:
José Brunner, Tel Aviv   Kenichi Mishima, Tokio
Beate Rössler, Amsterdam   Yves Sintomer, Paris
Peter Wagner, Barcelona

베스텐트 한국판
베스텐트 한국판은 '연구모임 사회 비판과 대안' 구성원들이 편집합니다:
고지현   김광식   김원식   김주호   문성훈(책임편집자)
오근창   이유선   정대성   정대훈   홍찬숙

WESTEND

불신의 공동체

그리고 장애를 생각하다

WestEnd

베스텐트 한국판 11호

연구모임 사회비판과대안 엮음

7   문성훈   서문

1부 쟁점 / 불신의 공동체

13   그레타 바그너   불신 사회
19   지니 모저   '크베어덴켄' 하향혼인을 유발한 불신
37   에바 하우슈타이너   정치이론적 시험대에 선 음모설
53   파반 쿠마르 말레디   갈등 속에서 연결되어 있음: 국가, 거리, 조직된 불신
67   우테 프레베르트   독재와 민주주의에서의 불신

2부 한국판 특집 / 장애를 생각하다

93   정대훈·오근창   시혜가 아니라 정의를! 장애의 정의론
105   목광수   장애(인)에 대한 정의론
135   추정완   장애와 의료기술의 관계에 대한 윤리적 성찰
165   조수민   타자로서 장애인을 위한 정의론의 이론적 기초

199   베스텐트 독일판 차례
201   저·역자 소개

서문

사람들이 교류하고 협력하기 위해서는 신뢰가 필요하다. 자신과의 약속을 지키지 않는 사람과 함께 일을 도모할 만큼 무모한 사람은 많지 않다. 특히 현대 자본주의 사회처럼 고도의 분업이 이루어진 경제 체제에서 영리 활동을 하는 데 신뢰는 필수적이다. 에밀 뒤르켐이 지적하듯이 이런 사회에서는 개인 간의 약속을 통해 형성된 계약 관계를 보호하기 위해 민사소송법과 같은 배상법이 발달해 있다. 타인에게 약속을 어김으로써 손해를 끼쳤다면 반드시 이에 대해 배상해야 한다는 것이다. 신뢰가 필수적인 것은 비단 경제적 행위에서만이 아니다. 사랑과 우정으로 형성된 친밀성 관계에서나 정치적 신조로 형성된 정치적 결사체에서나 서로에 대한 신뢰가 깨지면 관계가 유지되기 어렵다.

이처럼 신뢰는 사람을 하나로 모이게 하는 매개체이고, 반대로 신뢰가 깨지면 사람들 간의 관계도 깨진다는 점에 주목한다면, 신뢰는 공동생활의 필수적 요소이며 반대로 불신은 공동생활을 저해하는 해악에 불과할 것이다. 그런데 불신이 매개체가 되어 사람들을 하나로 모이게

하기도 한다. 현재 우리의 모습이 그렇다. 현 정권에 대한 불신이 극에 달했기 때문이다. 현 정권은 공정과 상식, 자유와 법치, 과학적 행정이란 말을 입에 달고 살았지만, 자신이 저지른 불법과 치부를 가리는 데만 온 힘을 쏟고 있다. 그리고 국내외를 막론하고 자의적이고, 즉흥적이며, 무속적 지식에 따른 국정운영을 통해 무능의 극치를 보여줌은 물론 1987년 이후의 민주주의 시스템 자체를 무력화하고 있다. 더구나 이로 인한 광범위한 민심 이탈과 야당의 공격을 피하고 국민의 관심사를 다른 곳으로 돌리기 위해 감히 전쟁과 같은 극약처방도 불사할 태세이다.

　어제도 오늘도 현 정권에서 나오는 말은 거짓말뿐이다. 그렇기에 70퍼센트가 넘는 절대다수의 국민은 현 정권에 대한 강한 반대를 표하고 있고, 그 수는 더욱 늘어날 기세다. 머지않아 박근혜 탄핵 때처럼 현 정권에 대한 지지가 5퍼센트대로 추락할지도 모른다. 현 정권에 반대하는 국민은 정치적 노선이 같은 사람도 아니고, 지역적 연고가 같은 사람도 아니고, 그렇다고 성별이나 연령대가 같은 사람도 아니다. 진보든 보수든, 영남이든 호남이든, 여성이든 남성이든, 청년층이든 장년층이든 이들은 현 정권에 대한 불신이라는 단 한 가지 이유에서 거대한 연대를 형성할 것으로 보인다.

　신뢰가 아니라 불신이 매개체가 되어 사람들이 하나로 통일된 현상은 유럽에서도 있었다. 코로나 팬데믹 시기의 유럽을 보면, 많은 사람이 정부 주도의 코로나 팬데믹 확산 방지 정책에 반대했다. 그 이유는 정부 정책이 믿을 만하지 않다는 판단, 다시 말해 정부 정책에 대한 불신 때문이다. 그리고 오직 불신 하나를 매개체로 다양하고 이질적이기까지 한 사람들이 일종의 연대를 형성했고, 코로나와 관련한 자기들만의 정보를 공유하고 유포하며 정부 정책에 대한 불신을 키웠다.

신뢰를 통해 형성된 연대와 불신을 통해 형성된 연대에는 어떤 차이가 있을까? 그 이유가 무엇이든 연대라는 면에서는 같은 것일까? 한 사회의 통합과 민주주의 발전에 토대가 되는 연대는 신뢰에 기초한 것일까? 아니면 불신도 이런 역할을 할 수 있을까? 사실 신뢰와 불신은 동전의 양면 같은 것일 수도 있다. 신뢰를 통해 형성된 연대는 자신에 반하는 집단에 대한 불신을 통해 더욱 강고해지기 때문이다. 그렇다면 불신을 통해 형성된 연대가 신뢰의 연대로 발전할 수도 있을까? 다양하고 이질적일 뿐만 아니라, 평소에는 함께 하지도 않았을 사람들이 오직 불신을 매개체로 함께 모였지만, 곧이어 신뢰를 통한 연대도 이루어낼 수 있을까?

이번 베스텐트 한국판은 두 가지 주제를 다룬다. 하나는 베스텐트 독일판에서 다루었던 주제이고, 다른 하나는 한국 편집위원들이 자체적으로 제시한 주제이다. 첫 번째 주제가 바로 불신을 매개체로 형성된 "불신 공동체"이다. 사실 이런 주제는 지금까지 사회과학에서 거의 다루어지지 않았지만, 유럽에서 코로나 정책에 대한 불신을 통해 새로운 유형의 연대가 등장하자 새로운 관심사가 되었다. 본 주제와 관련하여 불신의 사회적 역할이나 불신의 유형, 그리고 불신을 매개체로 형성된 공동체의 특징, 민주주의와의 관련성 등을 독일 논자들이 다룬다.

두 번째 주제는 "장애 정의론"이다. 장애를 의료적인 관점에서 볼지, 사회적인 관점에서 볼지 장애에 대한 개념 규정 문제를 다룬다. 그리고 장애를 롤즈의 정의론 차원에서 다루어야 할지, 센과 누스바움의 역량강화론 차원에서 다루어야 할지 논의한다. 이 주제는 불신 공동체라는 주제와 무관하게 정해진 것이지만, 아무런 관계가 없다고 보기도 어렵다. 장애인에 대한 사회적 대우에는 불신을 통해 형성된 불신 공동체와 유사한 구조가 있기 때문이다. 장애인에 대한 편견으로 뭉친 연대가 있다면, 이는 구성원들의 신뢰를 통해 형성된 연대는 아니다. 장애인에 대한 편견 이외에 이들 사이에는 아무런 신뢰도 존재하지 않기 때문이다. 따라서 다양하고 이질적인 사람들이 오직 장애인에 대한 편견만으로 함께 뭉쳤지만, 이 편견이 없다면 이들은 결코 함께할 수 없는 사람들일지도 모른다.

불신 공동체라는 새로운 현상과 한국 사회에서 거의 관심을 기울이지 않는 장애 정의 문제가 우리 사회의 개선과 발전을 기획하는 비판적 지식인에게 시각 확장의 계기가 되길 바라는 마음 간절하다.

문성훈
베스텐트 한국판 책임편집자

1부

1부 쟁점 / 불신의 공동체

13   **그레타 바그너**   불신 사회

19   **지니 모저**   '크베어덴켄' 하향혼인을 유발한 불신

37   **에바 하우슈타이너**   정치이론적 시험대에 선 음모설

53   **파반 쿠마르 말레디**   갈등 속에서 연결되어 있음: 국가, 거리, 조직된 불신

67   **우테 프레베르트**   독재와 민주주의에서의 불신

불신 사회

그 레 타 바 그 너

신뢰는 인간을 하나로 묶고, 공동생활을 보장하고, 공동체를 만든다. 신뢰는 사회의 "접합제"로서 갈등을 방지하고, 분열과 양극화를 억제하는 데 도움을 준다. 사회과학 분야에서 널리 퍼진 주장에 따르면, 인간이 서로 밀접하게 상호교류하면 할수록 타인에 대한 신뢰가 커지며, 그만큼 공동체의 사회자본 역시 커진다. 이에 반해 불신은 인간을 분열시키고 개별화하는 파괴적 태도이다. 불신에 가득 찬 사람은 타인과 협력하지 않고, 공동의 관심사에 참여하지 않으며, 자신만을 위해 홀로 존재한다. 불신 문제는 사회과학에서 거의 다루어지지 않았거나, 기껏해야 신뢰의 부재라는 단순한 현상으로 취급되었다. 그러나 어떤 사람을 신뢰하지 않는다는 것과 이 사람을 불신한다는 것은 같은 의미가 아니다. 불신은 부정적인 선입견이 각인된 독자적인 관계 형태이다. 불신은 상식적인 생각과 달리 특히 개인의 규범적 자기 이해와 관련되었을 때, 사회화 과성을 촉신하기도 한다. 본 「쟁점」에 실린 글의 저자들이 다루고 있는 문제는, 어떤 맥락과 조건에서 불신 자체가 사회를 유지하는 접합제가 되었으며, 이런 공동체의 특징은 무엇인가 하는 점이다.

타인을 믿는다는 것은 자신을 약화하면서 타인의 가능성을 증대할수도 있다. 이에 반해 불신은 타인에 대한 의존성을 약화하고 자신의능력, 평가, 준비 등 자기 자신을 신뢰하게 한다는 점에서 사람들이 타인에게 실망할 가능성은 적지만, 협력의 기회를 놓치게 한다. 루만에 따르면, 신뢰와 불신은 기능적 등가물이다. 이 둘은 상황을 정의하고 타인과 어떤 관계를 맺어야 할지 매번 다시 결정할 필요가 없도록 도움을준다는 점에서 복잡성을 감소시킨다. 불신은 자신의 기대가 부정적으로 극대화할 때 나타나는 복잡성을 경감시킨다.

> 부정적 전략들은 신뢰와는 다른 정서적으로 긴장된, 종종 발작적인 성질을 통해 불신을 표현한다. 이러한 전략들의 레퍼토리는 상대방을 싸워야 할 적으로 규정하는 것에서부터 위기에 대비하여 비상금을 무한히 축적하는 것, 그리고 모든 소모적 욕구를 포기하는 것에까지 이른다. (Luhmann 2014 [1968]: 93)

이런 식의 불신 사례는 내전 같은 예외적 상황에 대비하기 위한 재난관리자의 강화된 움직임에서 확인할 수 있다. 이들은 가상의 위기 상황이 발생할 때 다른 사람들에게 의존하지 않고, 자신의 비축과 준비 물자를 통해 독자적으로 대응하려고 한다(Genner 2021).

파괴적 불신과 민주적 불신을 구별할 필요가 있다. 파괴적 불신은 사회적 관계를 부정하고 이를 저해하지만, 민주적 불신은 생산적이다. 이와 유사하게 영어의 distrust와 mistrust가 몇몇 경우 동의어로 사용되기도 하지만, 이 둘을 구별하기도 하며, 장기적인 불신과 구체적 타인의 신뢰성이 불확실할 때 표현되는 일시적인 불신 역시 구별해야 한다 (Lenard 2008). mistrust는 세상의 복잡성을 적절하게 다루기 위한 시도일 수 있다. 이런 경우 불신하는 사람은 더 많은 정보 원천을 획득하고, 권력자의 행위를 비판적으로 통제한다. 민주주의는 민주적 절차를 통해 조직된 시민들의 해방적 불신에 의존한다. 이런 점에서 "반(反)민주주의"는 항상 민주주의의 한 부분이다(Rosanvallon 2017 [2008]). 플로리안 뮐프리트(Mühlfried 2019)는 이런 불신을 이상화하여 민주주의에 구심력이 된다고 본다. 이런 불신은 사회를 개선하겠다는 목적을 추구하기 때문이다. 그러나 이와 달리 외국인에 대해 적대적으로 작동할 뿐만 아니라, 이를 통해 내부에서 공동체를 형성하는 불신은 민주주의의 원심력으로 볼 수 있다. 구심력을 행사하는 불신에는 불신을 실현하면서도 원심력으로 작동하지 않을 수 있는 여지가 있다(같은 곳: 81).

공적인 관심에서 볼 때 일반화된 형태일 뿐만 아니라, 민주주의를 훼손하는 불신의 형태는 distrust이다(Lenard 2008: 316). 코로나 팬데믹 때에는 공동의 정치적 과제를 대신하여 공유된 불신에 기초해 공동체화된 새로운 움직임이 형성되었다. 이른바 "크베어덴켄"(Querdenken, 경계를 가로질러 생각하기) 운동은 공동의 변혁적 목적을 추구한 것이 아니지만, 이러한 운동이 하나로 모여 동맹을 형성하며 기존의 미디어, 과학, 정책에 대한 불신을 공유하고 배양하여 편협한 신뢰 공동체로 성장했다. 이 운동의 추종자들에게 세계는 근본적으로 분열된 것이다. 이들은 외부를 향해서는 제한 없는 불신을 표했고, 내부를 향해서는 (주로 맹목적인) 신뢰를 표했다. 점차 이들은 자신들의 신념이 주는 자극에 대해 둔감하게 되었다. 어떤 사람은 디지털 네트워크를 통해 광범위하게 확산한 "대항지식"에 의지했고, 어떤 사람은 직관에 의지하거나 저항에 참여한 많은 사람이 자화자찬하듯이 "올바른 것으로 감지된 것"에 의지했다. 이런 점들은 불신의 정서적 측면이 어디에 있는지를 잘 보여준다(Reichardt 2021; Frei und Nachtwey 2021; Hentschel 2021; Moser 본 특집 수록 글).

본 「쟁점」에는 다양한 형태의 불신을 통해 공동체가 만들어지는 형태들을 규명한, 다양한 분과 학문적 관점에서 쓰인 글들이 수록되어 있다. 이 글의 저자들은 어떤 맥락과 조건에서 불신 자체가 사회를 유지하는 접합제가 되었으며, 지배체제가 안정화하거나 이에 맞서 싸울 때 불신이 어떤 역할을 하는지, 그리고 디지털 소통이 불신이 확산하는 데 어떻게 기여하는지를 질문한다.

지니 모저(Jeannie Moser)는 불신에 관해 널리 퍼진 진단에서 출발하여 "크베어덴켄"이라는 불신 공동체의 파괴력을 이들의 레토릭을 분석하면서 탐구한다. 정서가 정치 공동체 형성에 미치는 중요성과 함께 특히 주목할 만한 것은 교양 있게 보이는 인지적 불신이나 정치적 불신 형성 과정이다. 이는 "크베어덴켄"이 점유했을 뿐만 아니라, 이를 분석해 보면 왜 "크베어덴겐" 운동이 성공을 거둘 수 있는지를 이해하는 데 도움이 된다. 에바 마를레네 하우슈타이너(Eva Marlene Hausteiner) 역시 음모적 사고의 정서적 차원에 주목했다. 하우슈타이너는 이에 대한 더 나은 이해를 위해 **음모 이론**을 대신하여, 불신 공동체의 의사소통 현상으로 간주했던 **음모 소문**에 대해 말할 것을 제안한다. 하우슈타이너에 따르면, 이를 통해 생산적인 공동체 형성 형태를 만날 수 있다. 그것이 사회 운동이나 연합체에서든, 아니면 디지털 공간에서든 말이다. 파반 쿠마르 말레디(Pavan Kumar Malreddy)의 글은 국가가 만들어낸 불신에 대한 반응으로 연대 공동체가 형성되었다는 점을 다룬다. 2022년에 자한기르푸리(델리)에서 힌두교 공동체와 회교 공동체 간의 폭력적 대립을 일으켰고, 그 결과 국가가 회교도들에 대해 의도적 불신을 표명하게 했던 소요 사태의 사례를 통해 말레디는 불신의 수직적 축과 수평적 연대들이 어떻게 대립하는지를 보여준다. 끝으로 우테 프레베르트(Ute Frevert)는 불신 행위의 역사적 맥락을 다룬다. 총체적 지배가 보편적 불신에 기초한다는 한나 아렌트의 주장과 이에 반해 민주주의는 신뢰에 의존한다는 일반화된 정치학적 가정에서 출발하여 프레베르트는 20세기 초 이후의 정치 질서와 정치적 움직임 속에서 등장했던 다양한 불신의 형태와 기능을 예시적으로 논의한다.

번역_문성훈

참고문헌

Frei, Nadine und Oliver Nachtwey 2021: Quellen des »Querdenkertums«. Eine politische Soziologie der Corona-Proteste in Baden-Württemberg, in: Basler Arbeitspapiere zur Soziologie 5. University of Basel.

Genner, Julian 2021: Preppen. Private Krisenvorsorge zwischen Bürgerpflicht, Lebensstil und Staatsskepsis, in: APuZ (Aus Politik und Zeitgeschichte; Zeitschrift der Bundeszentrale für Politische Bildung) 71. 10/11, 29–34.

Hentschel, Christina 2021: »Das große Erwachen«. Affekt und Narrativ in der Bewegung gegen die Corona-Maßnahmen, in: Leviathan 49. 1, 62–85.

Lenard, Patti Tamara 2008: Trust Your Compatriots, but Count Your Change. The Roles of Trust, Mistrust and Distrust in Democracy, in: Political Studies 56. 2, 312–332.

Luhmann, Niklas 2014 [1968]: Vertrauen, Konstanz. München: UVK.

Mühlfried, Florian 2019: Misstrauen. Vom Wert eines Unwertes. Stuttgart: Reclam.

Reichardt, Sven (Hg.) 2021: Die Misstrauensgemeinschaft der »Querdenker«. Die Corona-Proteste aus kultur- und sozialwissenschaftlicher Perspektive. Frankfurt a. M. und New York: Campus.

Rosanvallon, Pierre 2017 [2008]: Die Gegen-Demokratie. Politik im Zeitalter des Misstrauens. Hamburg: Hamburger Edition.

'크베어덴켄' 하향혼인을 유발한 불신

지 니 모 저

불신은 분열시킬 수도 또 (물론 덜 빈번하기는 하지만) 하나로 통일할 수
도 있다. 불신은 매우 이질적인 정치적 이력이나 사회경제적·문화적 배
경을 갖는 개인들을 하나로 묶을 수 있다. 즉 매우 다른 강령을 갖는 집
단들을 하나의 네트워크나 운동으로 모을 수 있다. 소위 '자유 시위'와
'위생 시위'가 2020년 봄 최초로 등장했을 때, 바로 그런 일이 일어난
것으로 보인다. 크리스티나 헨첼(Hentschel 2021: 62)이 "코로나 공중"이
라고 부른 어떤 것이 등장하기 시작한 것이다. 그것은 광장과 거리에서,
그리고 텔레그램 메신저 서비스, 채팅방, 유튜브 같은 디지털 공간에서
국가의 팬데믹 정책에 대해 쌓인 불만들이 표출된 현상을 일컫는다.

처음에는 유럽민족주의자(독일 당국에서 극우로 분류됨—옮긴이), 밀교
도, 제국의 시민(이들 중 일부가 당국에 의해 극우로 분류됨—옮긴이), 대안
좌파, 대안 녹색주의자, 종말 예비자, 예술가, 인지학자, 의사, 비정규
직 노동자, 실업자, 학생 등이 서로 어떻게 공통점을 찾을 수 있었는지
에 대해 놀라울 따름이었다. 한눈에도 서로 정치적으로 도통 어울리지

않는 저런 이질적 입장들이 서로 연대한다―자기보다 낮은 신분과 결혼한다는 하향혼의 의미에서―는 사실에 대해 당황한 것이다. 그러나 2020년 여름 그들이 베를린 연방의회 건물의 계단으로 몰려간 순간, 당시 '크베어덴켄'('경계를 가로질러 생각하기'로 번역되는 이 단어는 코로나19 당시 반코로나 집회를 주도하며 새롭게 부상한 무리를 말한다―옮긴이)으로 표현된 이 기괴한 하향혼의 주동자가 그 모습을 드러냈다. 민주주의의 저 상징적·실천적 장소를 폭력적으로 공격하면서, '정치'라는 것과 정치가 즐겨 사용하는 지식에 대한 불신이 격하게 상연되며 그 담론적 정점에 도달한 것이다.

그 불신이 향한 대상은 합의와 협약, 흔히 말하는 주류였다. 고전적 매체와 비판적인 대학, 그리고 지식을 관장하는 모든 제도가 그 대상이었다. 마찬가지로 대의제 민주주의의 국민 대표자들, 그리고 그 배후에서 그들에게 조언하는 자들을 정치적 기득권층으로 지목하여 불신의 대상으로 삼았다. 결국 뤽 볼탕스키(Boltanski 2015 [2012]: 399)가 표준화된 음모론적 군상이라고 지칭한 것, 즉 "엘리트와 언론에 대한 불신, 조작에 대한 믿음, 공식 정보를 거부하고 인터넷에서 떠도는 말을 믿기 등"이 출현한 것이다. 불신은 소위 은밀하게 이익을 좇는 권력을 향한다. 기술관료 엘리트 외에도 재정 능력이 막강한 콘체른, 그리고 잠자는 여론에 들키지 않고 정치적 사안들을 지휘하는 인사들에게로 향한다. 그 콘체른들은 '코로나 이전에' 이미 경계 가로지르기 전선의 담론에서 종종 단순하고 상스러운 반유대주의적 제국주의 비판과 자본주의 비판의 대상이었다(Diederichsen 2021). 그들이 팬데믹 비상사태에서 이득을 보기 때문에 이 비상사태를 불러온 권력 역시 그들일 수밖에 없다는 것이 음모론의 논리이다(Butter 2021: 59). 그런 소위 어둠의 권력에 맞서서, 불신 진영은 특별하고 논쟁적인 형태의 지식, 즉 '대안적 사실들'—자신들의 완전히 '고유한 생각', 자신들만의 '고유한 진리'—에 맞춰 목소리를 내며 진영을 세우고 자유민주주의 질서를 벼랑 끝으로 몰아야 한다.

그런데 이에 대한 대응 역시 암담하다. 거대한 신뢰 상실에 대해 한탄해야 한다는 것, 민주주의가 큰 위험에 빠졌다는 것이 전부이다. **코로나 공중**에 대한 언론 보도를 지배하는 것은 불신, 그리고 불신의 조건과 행위자를 파헤쳐 알아내겠다는 분석들이다. 하나의 "불신 공동체"가 만들어지고, 그것은 콘스탄츠에서 발생한 저항에 관한 기사들 모음의 제목 노릇을 한다(Reichardt 2021). 완전히 **통주저음**(Basso continuo)이다. 불신, 불안, 공격의 분위기가 자라고, 정치적이고 사회적인 것이 불신의 표식 속에 새롭게 조직되고, 지식 생산과 지식 소통이 불신의 표식 속에서 길을 잃고, 쪼개진 현실이 침식한다.

이 글에서는 편재하는 불신이라는 일면 직관적으로 타당해 보이는 진단을 구체적으로 다루려고 한다.[1] 여기서 구체적으로 살펴보려는 것은 지식과 정치적인 것의 영역에서 어떤 불신이 문제가 되었는가, 그리고 지금도 문제가 되고 있는가이다. 즉 '크베어덴켄' 하향혼에서 그런 결혼을 가능하게 하는 공통분모는 어떤 불신이며, 도대체 그것이 무엇이길래 이처럼 광란을 일으키느냐 하는 것이다. 여기서 어떤 통속화된 불신을 쉽게 잡아낼 수 있고, 어떤 정동의 움직임을 포착할 수 있다. 거기에 더해서, '크베어덴켄' 하향혼이 불신을 다차원적으로 이용하거나 상연하고 있다는 사실도 밝혀야 할 문제이다. 그 하향혼에서는 어떤 정동적 측면이 가장 명백하게 보이는데, 바로 그 정동적 측면으로부터 이

---

1 이 글은 2022년 1월 23일 온라인 지면(https://geschichtedergegenwart.ch/das-gekaperte-misstrauen-zu-trumpismus-und-querdenken)에 발표한 내용을 발전시킨 것이다.

득을 얻는 것이다. 정치적 주체성을 만들고 집단을 불러 모으기 위해서, 그리고 담론질서의 변화를 만들기 위해서 이 하향혼은 그 정동 측면을 아주 잘 활용한다. 그러나 '크베어덴켄' 하향혼이 교양 있는 **인식론적·정치적** 불신 처리장치를 도용하기 때문에, 바로 그런 이유에서 세간의 관심을 끌고 영향력을 키우는 데 성공할 수 있었다고 말하고 싶다. 이 불신 처리장치는 회의(의심) 또는 생산적인 민주적 대항권력으로서 유서 깊은 지적 전통을 보유한다. 그리하여 그것은 지치지 않는 토론을 수반해왔다. 바로 이런 지점에서 이 글은 그 지적 역사를 한 발 한 발 짚어볼 것이다.

정동 공동체와 정서 정치

우선 맨 처음 살펴볼 것은, 현재 그토록 자주 거론되는 불신이 한때는 야단스러운 위기 서사의 한 부분이었다는 사실이다. 그것은 현재 거론되는 불신과는 아주 다른 것으로서, 잃어버린 신뢰에 대한 것이었다. 여기서 불신은 신뢰의 **부정**(ex negativo) 형태일 뿐, 그 이상으로 세밀하게 규정되어 언급된 적이 없다. 따라서 이 용법은 비교 준거로 삼기에는 너무 약하다. 왜냐면 첫째로, **코로나 공중**과 같은 사회·정치적 맥락에서 이런 용법이 과연 어울리느냐는 물음부터 떠오르기 때문이다(Budnik 2021: 29). 둘째는, 여기서 말한 신뢰라는 개념 자체가 이미 의미론적으로 모호하고 열려 있는 개념이기 때문이다. 따라서 그런 용법에서 불신은 거의 내용이 없는 말처럼 공허하다. 파울 타가르트(Paul Taggart)가 표현하듯, 내용적으로나 이데올로기적으로나 항상 새롭게 채워져야만 하는 포퓰리즘의 "텅 빈 마음"(Priester 2011: 188)처럼, 그것은 잃어버린 신

뢰에 대한 통속화한 불신을 표현하기 위해서뿐만 아니라 아무 곳에서
나, 아무렇게나 사용될 수 있다.

게다가 그 용법에서는 불신의 지적인 성격이 전혀 드러나지 않는다.
거기서는 어떤 삼위일체 구조나 연구 대상이 될 만한 불신의 합리성 공
식 같은 것도 찾을 수 없다. 예컨대 누군가(A)가 충분히 생각한 후에 타
인(B)을 특정 사안과 관련하여(C) (B가 A의 이익에 맞게 행동하지 않으리
라는 추측하에) 불신한다는 결론에 도달하는 식의 합리성 말이다(Hardin
2004). 철학적 신뢰 연구의 결과에 의하면, 코로나를 거짓말이라고 주장
하는 사람들에게 나타나는 불신은 어떤 진단에 기초한 행동으로 연결
되는 것이 아니라, 그저 맹목적 불신일 뿐이다. 그저 산만하고 과도하며
어떤 근거도 없는 불신이라는 것이다(Budnik 2019 und 2021: 26, 29).

한편으로 그것은 "믿거나 믿지 않는 자, 모두 함께할 수 있다!"라는
저질 구호를 향해 뻗는 포괄적 힘으로서 발생한다(Horn 2021). 예컨대
근본당(dieBasis)은 "깨어 있는 모든 자를 환영한다"며 사람들을 불러 모
을 수 있다(Fischer Rodrian 2021). 불신은 그 개념에 대한 어떤 정의도 필
요 없이 정치적 스펙트럼의 주변부 무리들을 끌어 모은다. 그리고 하나
의 수사학이 자리를 잡는데, 그것은 이 새로운 연합체의 대안 없음을
말할 뿐이어서 충격을 준다. 그리고 그 충격 너머에는 아무것도 없다.
그것은 거리를 두겠다는 태도가 아니라, 트럼프주의나 신경질적인 관
종경제에서나 유의미할 구 우파운동처럼, 그저 극단적 입장과 전략적
으로 수작을 부리겠다는 태도에 불과하다(Strick 2018: 114).

다른 한편, 이처럼 별 특성이 없어서 보편적인 불신은 팬데믹 발생의
핵심적 정동으로서 크게 데뷔할 기회를 얻는다. 그리고 그것은 정서 정
치를 추진하는 힘으로 나타난다. 그것이 마치 샹탈 무페(Mouffe 2014)가

『아고니즘 정치: 세계를 정치적으로 생각하기』에서 좌파의 기획으로 공식화했던 정동적 동원의 작동에 대한 강령을 내포하기라도 하듯, '크베어덴켄'의 하향혼은 정동노동에 기초해 담론공간을 변화시키는 방향으로 힘을 쓴다. **상식**을 해체하고 하나의 반헤게모니를 구축하는 방향으로 말이다. 위 책에서 무페의 생각은, 합리주의적 호소는 아무 효과 없이 사라진다는 것이다. 정치적 정체성을 구성해내기 위해서는 정동적 투자를 하고 정서적 반향을 일으켜야 한다고 말한다(같은 곳: 143-148).

그리하여 정치적 개입을 축제라고 부르며 음악을 즐기고 춤을 추는 내용의 체험 보고서와 비디오를 매체 삼아 공동체가 형성된다(2020년 8월 29일 베를린). 또 "엄청난 공동체 감정에 대한 기억"에 호소하기도 한다(2021년 8월 1일 베를린).[2] 정동적 되먹임 구조 덕택에, 서로에게 소속감을 강조하고 소위 소통—심지어 정치적 반대쪽과도—을 추구한다는 평화 사랑의 공동체가 연극처럼 상연되는 것이다. **코로나 화해 보고서**의 표현을 그대로 가져와 그 보고서의 필자 집단이 가치를 소중히 여기고 객관적, 다원적, 동등권적 담론을 추구한다고 말한다면, 그것은 도착적 담론을 위해 아고니즘 강령의 단어집을 도용한 데 불과하다. 오히려 그 밑바탕에 깔린 생각은, 결국 헤게모니를 가진 담론에 의해 저렇게 열거된 모든 특성이 사라지게 된다는 것이다. 저런 보고서로 이처럼 이제 막 구축된 담론권력에 대한 불신을 배경효과처럼 살포하면서, 정동의 일체화를 통해 공동체는 괴롭힘당한 자, 억압당한 자, 발언권을 잃은 자의 위치를 부여받는다.

여기서 담론공간의 전략적 조작 메커니즘이 작동하는데, 그것은 이

---

2 여기서 언급된 것뿐만 아니라 모든 행사 비디오들을 '크베어덴켄' 웹사이트(https://querdenken-711.de)에서 확인할 수 있다.

미 구 우파운동에서 효과가 입증된 바 있다(Strick 2018). 거기서 중요한 것은, 저렇게 무해하다는 자유 축제와 화해의 손짓 앞에서 정치적 반대 편이 격노와 격분에 못 이겨 오프사이드로 방향을 바꾸며 스스로를 고발하도록 선동된다는 것이다. 정동노동은 관심을 끌어 모으고, 극단적 성격의 토론을 생산한다(같은 곳: 119, 124 이하). 거기서 아고니즘적 충돌로 생겨나는 것이 적대감을 퍼뜨린다. 신뢰할 수 없는 것에 대한 담론이 적대적 기호 아래 정렬해 있기 때문이다. 그것은 양극화하고 단순화하는 고발사회학에 근거를 둔다(Rosanvallon 2020: 209). 그것은 '우리'와 '타자'인 '그들'로 수평적 분할을 획책하여 '우리'에게 공격 대상을 제공하는, 그리하여 완전히 일반적 현상이 되는 포퓰리즘적 타자화로 우리를 몰아간다(Koschorke 2017).

회의인가 아니면 대항지식인가

의심의 여지 없이, **코로나 공중**은 정동적 공중이다. 그 속에서는 추문과 불만이 드러나고 정체성이 시연되는데, 그런 것들은 그것들을 불러일으키는 상황들에 의해 지배되고 **정동적 충동**에 의해 이끌린다. 여기서 정동적 충동은 다시 극적인 시간적 제한 속에서 움직인다. 왜냐하면 언제나 곧 사라지리라고 위협받는 것이 상연되기 때문이다(Hentschel 2021: 63, 66). 그런데 여기서 하나의 합리성 유형에 대한 요구가 명백히 제기된다는 사실을, 즉 그 정동이라는 이름에 속아 지나쳐서는 안 된다.

'크베어덴켄' 하향혼의 담론은 귀중한 문화 의미론적 전통을 갖는, 불신에 대한 인식론적 처리 방식을 제멋대로 전유하려고 든다. 예컨대 그들이 사용하는 백신에 대한 회의라는 말에서 회의라는 개념은, 고대 그리스어로 고찰, 조사, 시험 등을 뜻하는 것으로서 고대 회의주의 철학에서 체계적 탐색을 의미한다. 이 단어는 16세기부터 다시 사용되기 시작하여 저명한 이름들을 관통한다. 예컨대 이 단어와 함께 몽테뉴는 만물에 질문하는 태도를 떠올렸고, 데카르트는 지식생산의 과정으로서 방법론적 회의를 정식화했다. 볼테르는 의심을 준칙으로 만들었고, 흄은 회의를 새롭고 체계적으로 설명했다. 그리하여 회의라는 단어가 의미하는 조직화한 불신은 과학의 미덕이 되었다. 그것은 계몽주의 이후 그 어떤 것도 생각 없이 믿어서는 안 된다는, 근대 과학의 행위 동기가 된다. 계몽의 관점에서 볼 때, 지금껏 유효했다는 이유만으로 반박받지 못하는 것은 없다. 왜냐하면 이제 지식은 상대적이고 유한한 것이기 때문이다. 과학의 절차는 지식욕과 쉼 없는 상상력에 의해 작동한다. 이 두 가지가 연구를 위해 가장 기본적인 요소이다. 마찬가지로 이미 1968년—신뢰에 대해 아직 연구가 쏟아져 나오지도 않았고 불신이란 말도 사용되지 않았던—에 루만은 『신뢰』라는 저술에서, 불신이 판사를 제외하면 연구자에게만 필요한 태도라고 설명했다(Luhmann 2009 [1968]: 124).

따라서 자칭 '크베어덴켄' 지식은 음모론과 마찬가지로, 마치 과학이라도 된 듯한 인상을 주려고 아주 공을 들인다. 주석을 달고, 학문적인 제목을 달고, 이름 있는 연구소들을 들먹인다(Butter 2021: 61-65). 그러나 그러면서 바로 과학적 정당화 및 토론의 규칙에서 이탈한다는 것, 그것이 지식이라고 불러도 되는지가 논쟁적인—발견적으로는 도발적 "대항지식"(Pantenburg, Reichardt und Sepp 2021)이라고, 또 에바 호른(Horn 2021)에 의해서는 "독선적 지식"이라고 기술된—바로 그런 지식의 특별함이다. 이런 지식은 개인적인, 특히 디지털 방식의 조사, 생산, 분배 덕에 가능하다. 그것은 감정적 지식의 형태를 띨 수 있고, 직관이나 '상식'

처럼 보인다. 때로는 무늬만 진정성을 가진 지식, 무늬만 이데올로기 편향이 없는 지식이 있는데, 그것의 목적은 고도로 전문화한 연구 담론에 끼어들어 학문적 전문성에 의심을 끼얹는 것이다. 그렇게 그것은 대부분 소위 탈진실 담론의 핵심 도구인 모호하고 "반쪽짜리인 진실"(Gess 2021)이자 "깨지기 쉬운 진실"(Revault d'Allonnes 2019 [2018])로 남는다. 그것은 진실/거짓, 지식/믿음, 사실/의견 사이의 경계를 흔들어 전체 사실 구조를 엉망으로 만들기 때문에, 거짓말보다 더 대적하기 어렵다. 어차피 정보에 대한 조망이 불가능한 엉망진창 속에서, 지식의 현 상태를 상대화하는 방식으로, 다양한 의견 간 비교를 위한 공통의 기반을 무너뜨리는 뒤집힌 회의의 소용돌이 속으로 사실들이 쓸려나간다(Hartmann 2021: 51).

일반인/전문가의 차이 역시 그처럼 쓸려나간다. "생각하라고 시키지 말고 스스로 생각하기"의 정신으로 그 하향혼은 모두가 전문가가 될 수 있다고 은근슬쩍 제안한다. 그 대항지식이 '주권을 갖춤'을 강조함으로써, 소위 어린애 취급에 반항하는 비범하고 깨어 있는 자아가 발생한다. 이처럼 탈중앙집권적인 반골 기질의 자아는 과거 종교개혁 공동체 때 사람들과 역사적 친척뻘이다. 종교개혁 때 인쇄술이 그랬다면, 오늘날에는 디지털 매체가 새로운 파급력과 파급 속도를 제공한다. 이렇게 그들은 스스로가 독립적이라고 믿고, 자신들의 진실에 대해 제도 당국이 딴지를 걸지 못하도록 하려는 것이다(Koschorke 2018: 116). 이런 자아는 주도권과 용기, 전위의식이 자신의 것이라고 주장한다. 그리고 스스로 겁내지 않고 솔직히 말하는 주체, 가차 없이 진실을 말하는 주체의 외양을 입는다. 독립성을 수상하는 '그베어덴켄'은 자아도취적인 자기 강화이다. 거대한 '우리' 속에서 양식화한 거대한 '나'가 등장하는 것이다.

대항권력인가 아니면 반정치인가

자칭 '크베어덴켄' 담론은 불신에 대한 인식론적 처리 방식뿐만 아니라 불신에 대한 정치적 처리 방식까지 전유하려 든다. 그것들은 최근에야 피에르 로장발롱(Pierre Rosanvallon)에 의해 생산적 대항권력의 형태 중 하나로 복권되어 연구 속에서 발견되고 이론적, 역사적으로 설명되었다. 『대항민주주의: 불신 시대의 정치』에서 그는 1800년 이래 그런 대항권력이 자유민주주의적 질서와 병존하며 어떻게 발전해왔는지를 기술한다. 여기서 화두는 민주주의의 역설이다. 민주주의의 역사는 경험을 가로막는 역사이자 배반당한 유토피아의 역사이기 때문이다. 애초에 민주주의는 의회에 의해 대변되는 동등권 체계를 약속했으나, 그것은 단 한 번도 실현될 수 없었다. 그리하여 정치적인 것은 내적 긴장의 특성을 갖게 된다. 민주적 체계는 항상 반대자를 생산하는데, 그것은 권력자에게 압박을 주는 불신이고, 감시, 방해, 판단에 대한 감사의 형태를 띤다. 이것은 통치자에게 행사할 수 있는 권리를 피통치자가 갖는다는 생각과 관련된 것이다. 불신의 작동 방식은 사회에 널리 퍼져, 선거와는 다른 방식으로 피통치자의 영향력을 유효하게 만드는 간접적 힘을 생산한다. 그 과정에서 대항권력은 민주주의를 약화하기는커녕 오히려 강화한다. 대항권력은 의문을 제기하고, 조사하고, 비판하고, 교정한다. 하지만, 그리고 사실 이것이 중요한데, 대항권력은 권력을 인수하지 않는다(Rosanvallon 2017 [2006] und 2020: 136-150).

반면에 '크베어덴켄'은 그렇지 않다. 자주 인용된 2015년 자크 드 생 빅토르(Jacque de Saint Victor)의 불신에 관한 글에서 그가 오히려 반정치(Antipolitik)라고 부른 정치 양식이 있는데, 이것이 오히려 '크베어덴켄'

을 만나 설명력을 보여주기 때문이다. 그것은 민주주의의 표준과 규칙을 지키지 않는 일괄적 요구의 형식이고, 무엇보다 반대를 유일한 목적으로 갖는, 반대를 위한 반대의 형식이다. 반정치의 담론 역시 장구한 역사를 갖는다. 그것은 정치적 의지를 대의 민주주의에 위임한 데 대한 불만과 관련되는 것으로, 통치자, 전통적 엘리트, 제도에 대한 불신을 드러내고 그것들의 악행과 터무니없는 행동을 비난한다. 그리고 자신의 그런 비난에 도덕성을 부여하기 위해서, 마키아벨리즘의 신화에 생명을 불어넣는다(Revault d'Allonnes 2019 [2018]: 56). 반정치가 하나의 망과 같다면, 그 망을 매개하는 것은 디지털 폴리스나 직접적인 '마우스 클릭 민주주의'로 대체된다. 그렇게 그들은 자신들의 행동 방식에 대해 약속하고 인민 의지의 직접적 표현을 약속하는데, 그 인민 의지는 다시금 디지털 공간의 주권적 전문성으로부터 나온다(이 문장은 de Saint Victor 2015 [2014]; Priester 2011: 191-192).

디지털 반정치에 대한 비판이 막가파식 담론과 막무가내 선동, 변덕스러운 민주주의의 위험을 향한 것이라면, 또는 일종의 다수 전제주의에 대해 말하고 있다면(de Saint Victor 2015 [2014]: 77-78, 86-87), 담론의 품위 상실에 대한 지식 엘리트 및 정치 엘리트의 공포에 질린 목소리가 들리기도 한다. 이런 비판의 저명하고 모범적인 사례는 알렉시스 드 토크빌이다. 그는 1830년대 미국의 동등권 사회를 보고 감탄한 딱 그만큼 무력감에 빠져서 다음의 사실을 인정해야 했다. 이제 수많은 뒤죽박죽 목소리들 역시 동등하게 고려되어야 한다는 것이다.

이렇게 디지털 반정치에 대한 비판은, 정치적 개입에 대한 목소리를 어떻게 평가하고 해결할 것인가에 대한 오래된 논쟁의 영역으로 미끄러진다. 그것은 대의제 민주주의의 내적 모순을 풀어야 하는 문제인데,

볼탕스키에 의하면 그것은 특히 성숙함과 미성숙함을 포용하거나 배제하기 위해 그 사이의 경계를 법으로만이 아니라 인간학적으로 나누려고 하는 자유주의를 둘러싸고 생겨나는 문제이다. 볼탕스키가 말하듯 "무책임하고 심지어는 도착적인 정치적 목적에 맞추는 비합리적 경향의 대중과 진실 창고의 고독 속에서 자신의 권력을 담당 전문가에게 위탁하는 이성적 개인들을 대비함으로써, 누가 인민을 대변하고 인민의 가장 내밀한 바람을 전달하며 그래서 인민을 통치할 수 있는가"(Boltanski 2015 [2012]: 347)라는 문제가 제기되는 것이다.

물음표!

따라서 불신의 두 형태―하나는 대항권력과 연결된 생산적인 불신, 다른 하나는 그 반대로서 반정치와 결합한 파괴적 불신―에 대한 이야기는 불신을 이원론적으로 구성하는 작금의 세태와 쉽게 섞여 들어간다. 적법하고 건강하고 기능적인 쪽과 병리적 도착이고 기능장애인 다른 쪽을 서로 나눌 때, 그것은 늘 그렇듯 언제나 (생산성/파괴성을 결정짓는―옮긴이) 올바른 용량 차이에 대한 문제이다. 또는 그것은 적절한 이해력으로 향하는 불신과 격앙되어 정동으로 흐르는 불신을 구분하는 방식과도 상통한다. 그러나 결국에는 그 둘 중 한쪽이 정확히 어떤 용량에서 다른 쪽으로 전환되느냐가 여전히 가장 예민한 문제이다.

　여기서 문제의 한 부분에 대해 질문할 수 있다. 자칭 '경계를 가로질러 생각하기'의 특이성이라는 부분이다, 즉 지금까지 그것이 교양 있는 불신 처리 방식을 제멋대로 유용해왔다는 사실에 관한 질문이다. 대답이 불가능한 질문을 던지는 것, 이것이 바로 그들이 써먹는 전략이다.

마치 그렇게 함으로써 그것이 자신의 특성임을 잊도록 하려는 것 같다. 불신은 단지 전방에만 배치되는데, 그렇게 그것은 근본적 회의라는 경험 형태와 결합할 수 있는 불신과 구별된다(예컨대 Endreß 2015 [2002]: 7). 그 소위 대항지식은 또 사유 및 행위 방식에 대한 국가적 제어에서 실제로 새로운 형태가 발견되는지를 조사한 적도 없다. 또 코칭 분야에서 날쌔게 도둑질해온 개념을 도용해 스스로를 일컫는 호칭, 즉 놀이하듯 비독단적이고 창조적으로 생각하기라는 의미를 갖는 '경계를 가로질러 생각하기'와도 전혀 무관하다. 그것은 어떤 인식론적 노력도 하지 않으면서, 모든 것에 그저 강력하게 반대만 할 뿐이다. 이 악명 높은 움직임은 합의나 지배적 판단들에 반대를 외치는 목소리만 들리게 한다. 스스로가 비정통성을 수행한다는 치장만으로 효력을 만들어내는 것이다(Butter 2021: 58; Horn 2021; Patenburg, Reichardt und Sepp 2021: 47, 59). 그것은 아무 내용이 없는 소위 대항지식을 실천적 지배지식으로, 정치화한 행동적 지식으로 만든다. 적어도 권력을 잡아야 하므로, 스타일이 논증보다 훨씬 더 중요하다.

　'크베어덴켄' 하향혼은 사실, 지식, 권력을 뒤흔들어 불안정성을 만든다. 명백히 그런 목적으로 불신을 파종한다. 다시 말해서, 태곳적의 권력 기술을 사용하는 것이다. 여기서 불신을 가혹하리만치 전유하는 것이 가장 결정적이다. '크베어덴켄' 하향혼은 자신들의 정치적 주장에 전투력을 확보하기 위해 불신을 강탈한다. 그래서 거기에 수사학적으로 이야기를 만들어서 불신을 무대에 올린다. 그리하여 이처럼 도용에 몰입해 생산되는, 부동의 사실에 대한 그 과도한 불신은, 곧 폭로를 부른다. 1970년대 말 브뤼노 라투르와 스티브 울가가 그랬던 것처럼, 사회구성주의적 비판을 가해 사실의 옷을 입은 이데올로기적 논리와 편견을 만천하에 드러내는 일이 일어난다(Latour und Woolgar 1986 [1979]). 2004년 라투르는 탄탄한 사실에 대한 과장되고 전염력 있는 과도한 불신이 마치 근거 있는 회의라도 되는 양 행세하며 비판을 독점한다고 공격한 바 있다(Latour 2007: 9; Matala de Mazza 2018: 128). 그러나 그런 공격에도 여전히 그것은 끄떡없다. 저 하향혼은 마치 놀랐다는 듯, 마치 그냥 질문을 했을 뿐이라는 듯, 아무것도 몰랐기에 그저 더 알고 싶을 뿐—그러나 실제로는 이미 남보다 더 잘 알면서—이란 듯 행동하면서, 불신을 그렇게 이용한다.

하필 이와 같은 방식으로 효력을 창출하는 이유는, 그것이 상상력의 에너지와 전혀 관계가 없고, 가능성의 공간을 넓히는 것과도 무관하며, 결과가 개방된 연구와도 동행할 수 없기 때문이다. 담론의 비판적 확대라고 선전되는 것이 오히려 말할 수 있는 것을 점점 더 고갈시킨다(Strick 2018: 123). '크베어덴켄' 하향혼이 활기찬 정치적 논쟁의 문화를 틀어막으며 다양한 담론들이 존재하지 않는다고 주장할 때, 그것은 불신을 강탈하는 짓이다. 또는 원내 야당처럼 선거를 통해 정당화된 통제 기구들을 간단히 무시할 때도 마찬가지이다(Patenburg, Reichardt und Sepp 2021: 36의 인터뷰 7번과 비교). 최고조로 흥분된 상태로 몰아가서 대항권력을 호소하며 자신의 자리를 주장할 때, 그리고 불신 작동의 정치적 힘을 되살리려는 척하며 실상은 그것을 가능하게 하는 모든 것을 쓸어버릴 때도 마찬가지이다.

저항운동

불신을 도구화하는 것은 광신적인 사용방식인데, 그 때문에 자칭 '경계를 가로질러 생각하기'를 반박하는 일이 어려워진다. 불신의 전유는 면역력을 만들면서 반대 의견에 저항한다. 그 담론이 사용하는 에너지는, 그것이 저항적 투사의 몸짓으로 거부하는 자유민주주의 체계로부터 온다. 거기에 기생해서 힘을 얻는 것이다. 또 그것은 그 체계를 희생시키며 자양분을 얻는다. 자유민주주의 체계가 허용하는 정치적 개입의 여지를 파고드는 동시에 자유민주주의를 전제정치나 독재라고 호도함으로써, 자유민주주의적 개입의 여지를 붕괴시킨다. 그리고 불신을 이용하여 질문을 빼앗고, 질문을 유도된 질문 또는 순전히 수사학적인 것으로 전도한다.

현재 저렇게 도용되는 불신이 대항지식이자 더 많이 아는 쪽이라고 주장됨으로써, 그것을 통해 부정적 연합이 결성되었다. 그런데 저렇게 부정 연합을 일시적으로 구축하는 것 이상으로 그런 불신은 무엇을 할 수 있을까? 이것은 일단 지켜볼 일이다. 그 연합이 얼마나 신뢰에 기초한 것인지, 그 결합력이 얼마나 공고한지, 얼마나 오래 갈지 지켜봐야 한다. 그것이 계속 활력을 유지할지 아니면 그냥 일시적 현상으로 그칠지, '크베어덴켄' 하향혼이 계속 진행될지 아니면 사회운동 연구에서 예견하듯 곧 사라질 운명의 유사 공동체가 될지는 더 두고 봐야 한다. 사회운동 연구에서 곧 사라질 운명이라고 예상하는 이유는, 그것이 조직적으로 성장한 것도 아니고 이데올로기적으로 굳건하지도 않기 때문이다. 그러나 무엇보다도 중요한 이유는, 저렇게 저항하는 자들이 새로운 사회가 어때야 하는지에 대해 아무런 공통의 의견도 갖지 않기 때문이다(Meier und Rucht 2020). 무페(Mouffe 2014 [2013]: 147-148)에 의하면, 사람들을 행동으로 이끄는 최선의 전략은 모든 것이 변할 수 있다는 느낌을 그들에게 전달하는 것이다. '크베어덴켄' 하향혼은 확실히 모든 것이 변한다는 느낌을 전달하지만, 그 방향은 아마 더 나빠질 것이고 더 나빠진다는 쪽이다. 그것은 디스토피아로 부풀려진 현재를 예언하며 그것을 저지하겠다고, 현재를 남겨두지 않겠다고, 현 상태를 방어하지 않을 것이라고 불사르는 인스턴트 감정에 빠져 있다. 거기서 공유되는 단 하나는, 새로운 사회가 이러저러하게 되어서는 **안 된다**는 부정적 생각이다. 반면에 새로운 사회가 **어때야** 하는지에 대해서는 단 한 올의 전망도 보지 못한다.

물론 신 우파, 반젠더주의(여기서 젠더주의가 아닌 반젠더주의가 언급된 것은 일관성이 없어 보인다—옮긴이), 백인 우월주의, 기후변화 부정론, 트럼프주의를 볼 때, 정치적 에너지에서 비롯된 불신 공동체가 금방 끝날 것 같지는 않다. 여러 불신 연구들이 이들의 체면을 구기는 결과를 생산했다. 연구 결과들은 (내적) 모순, 축소하기, 근거 없음, 내용 없음, 흐지부지함, 공허함을 지적한다. 과도한 맹목성, 거슬림, 오만한 태도, 진지하지 못한 정동에 대해 말한다. 그러면서도 그런 연구들은 그것들이 빨아들이는 고양된 힘을 거스를 능력이 없다. '크베어덴켄' 하향혼과 같은 운동이 지금처럼 계속 불신을 다차원적으로 이용하는 한, 그것은 논쟁 지형을 점령해버릴 수 있을 것이다. 그것이 불신의 정동적 알맹이를 쏙 빼고 교양 있는 불신 처리 방식을 도용하겠다고 단순히 주장만 해도, 그것은 안심할 만한 것이 못 된다.

번역_홍찬숙

참고문헌

Boltanski, Luc 2015 [2012]: Rätsel und Komplotte. Kriminalliteratur, Paranoia, moderne Gesellschaft. Berlin: Suhrkamp.

Budnik, Christian 2019: Vertrauen in der Demokratie, in: Hinterfragt – Der Ethik-Podcast 30. Universität Bern. ‹https://www.philosophie.unibe.ch/ueber_uns/aktuell/podcast/30_christian_budnik_vertrauen_in_der_demokratie/index_ger.html›.

Budnik, Christian 2021: Vertrauen als politische Kategorie in Zeiten von Corona, in: Geert Keil und Romy Jaster (Hg.): Nachdenken über Corona. Philosophische Essays über die Pandemie und ihre Folgen. Stuttgart: Reclam, 19–31.

Butter, Michael 2021: »Nichts ist, wie es scheint«. Über Verschwörungstheorien. Berlin: Suhrkamp.

Corona-Aussöhnung 2021: ‹https://coronaaussoehnung.org›.

Diederichsen, Diedrich 2021: Am Stammtisch der Sachlichkeit. Markiertes Sprechen in Deutschland, in: Merkur 75. 868, 5–18.

Endreß, Martin 2015 [2002]: Vertrauen. Bielefeld: transcript.

Fischer Rodrian, Jens 2021: »Wir brauchen zivilen Ungehorsam!«, auf YouTube-Kanal Kaiser TV, 24. September.

Gess, Nicola 2021: Halbwahrheiten. Zur Manipulation von Wirklichkeiten. Berlin: Matthes & Seitz.

Hardin, Russell (Hg.) 2004: Distrust. New York: Russell Sage Foundation.

Hartmann, Martin 2021: Wider eine falsch verstandene Skepsis, in: Merkur 75. 861, 45–55.

Hentschel, Christina 2021: »Das große Erwachen«: Affekt und Narrativ in der Bewegung gegen die Corona-Maßnahmen, in: Leviathan 49. 1, 62–85.

Horn, Eva 2021: Die Besserwisser. Wissenschaftsskepsis, Verschwörungsdenken und die Erosion der Wirklichkeit, in: Mosse-Lectures, Humboldt-Universität-Berlin, 29. April. ‹www. youtube.com/watch?v=WKFjE3T8VeI›.

Koos, Sebastian 2021: Konturen einer heterogenen »Misstrauensgemeinschaft«. Die soziale Zusammensetzung der Corona-Proteste und die Motive ihrer Teilnehmer:innen, in: Sven Reichardt (Hg.): Die Misstrauensgemeinschaft der »Querdenker«. Die Corona-Proteste aus kultur- und sozialwissenschaftlicher Perspektive. Frankfurt a. M. und New York: Campus, 67–89.

Koschorke, Albrecht 2017: Populisten und Liberale, Vortrag auf der Tagung »Wettbewerb der Narrative: Zur globalen Krise liberaler Erzählungen«, 24. März. ‹www youtube.com/watch?v=jYSWycy3Z3I›.

Koschorke, Albrecht 2018: Linksruck der Fakten, in: Zeitschrift für Medien- und Kulturforschung 9. 2, 107–118.

Latour, Bruno 2007: Elend der Kritik. Vom Krieg um Fakten zu Dingen von Belang. Zürich und Berlin: Diaphanes.

Latour, Bruno und Steve Woolgar 1986 [1979]: Laboratory Life. The Construction of Scientific Facts. Princeton: Princeton University Press.

Luhmann, Niklas 2009 [1968]: Vertrauen. Ein Mechanismus der Reduktion sozialer Komplexität. Stuttgart: Lucius & Lucius.

Matala de Mazza, Ethel 2018: Politik und Lüge, in: Zeitschrift für Medien- und Kulturforschung 9. 2, 119–131.

Meier, Svenja und Dieter Rucht 2020: »Hygiene-Demos sind eine diffuse, kurzfristige Erscheinung«. Fragen an Protestforscher Dieter Rucht, in: Zeit Online, 8. August. ‹https://www.zeit.de/gesellschaft/zeitgeschehen/2020-08/corona-proteste-deutschland-hygienedemos-bewegung›.

Mouffe, Chantal 2014 [2013]: Agonistik. Die Welt politisch denken. Berlin: Suhrkamp.

Neft, Anselm 2020: Von bösen Mächten wunderbar geborgen, in: Zeit Online, 13. Mai. ‹https://www.zeit.de/kultur/2020-05/glaube-an-verschwoerungstheorien-coronavirus›.

Pantenburg, Johannes, Sven Reichardt und Benedikt Sepp (2021): Wissensparallelwelten der »Querdenker«, in: Sven Reichardt (Hg.): Die Misstrauensgemeinschaft der »Querdenker«. Die Corona-Proteste aus kultur- und sozialwissenschaftlicher Perspektive. Frankfurt a. M. und New York: Campus, 29–65.

Priester, Karin 2011: Definitionen und Typologien des Populismus, in: Soziale Welt 62. 2, 185–198.

Reichardt, Sven 2021 (Hg.): Die Misstrauensgemeinschaft der »Querdenker«. Die Corona-Proteste aus kultur- und sozialwissenschaftlicher Perspektive. Frankfurt a. M. und New York: Campus.

Revault d'Allonnes, Myriam 2019 [2018]: Brüchige Wahrheit. Zur Auflösung von Gewissheiten in demokratischen Gesellschaften. Hamburg: Hamburger Edition

Rosanvallon, Pierre 2017 [2006]: Die Gegen-Demokratie. Politik im Zeitalter des Misstrauens. Hamburg: Hamburger Edition.

Rosanvallon, Pierre 2020: Das Jahrhundert des Populismus. Geschichte–Theorie–Kritik. Hamburg: Hamburger Edition.

de Saint Victor, Jacques 2015 [2014]: Die Antipolitischen. Hamburg: Hamburger Edition.

Strick, Simon 2018: Alt-Right-Affekte. Provokationen und Online-Taktiken, in: Zeitschrift für Medienwissenschaft 10. 2, 113–125.

민주주의적 원동력인가 아니면 이데올로기적 유혹인가?
정치이론적 시험대에 선 음모설

에 바 마 를 레 네 하 우 슈 타 이 너

늦어도 2016년 11월 도널드 트럼프의 선거 승리 이후 '음모이론'은 사회정치적으로 유행하는 주제가 되었고, 그 뒤를 이어 사회학적·인문학적으로도 어디에서나 등장하게 되었다. 경쟁적 개념전략의 관점에서 보면 '음모이론'의 영역에서 기술(記述)적/규범적 관심사, 적확화/일률화의 관심사, 역사적으로 실효성 있는/현재 진단적으로 유용한 관심사가 빠르게 교차하고 있다. 음모이론은 "인간이 존재한 이래로"(Schneider, Schmitt und Rieger 2020: 283) 실제 존재하는 것일까? 아니면 보다 최신 동향의 문제일까? 또 그 정치적, 사회경제적, 미디어 촉매제란 무엇일까? 해당 현상의 역사성과 맥락의존성에 대한 이러한 질문은 민주정치적 함의에 대한 질문으로 이어진다. 민주적 의견형성 및 의지형성의 위험은 민주적 책임창출이 위험해지는 순간 동시에 일어나는가? 아니면 '음모이론'은 오히려 중요한 자원으로서, 부당하게 낙인되었으나, 필요하다면 재가동되어야 할 지배 비판과 투명성 창출의 자원을 뜻하는가 (Pigden 2007)?

이러한 문제제기들은 그 개념체계적, 이념사적, 민주주의 이론적 측면에서 보면 정치이론 영역의 권한에 속한다. 그럼에도 불구하고 이 주제의 최신 정치이론적 연구가 상대적으로 드문 것은(이에 대한 사례는 Drochon 2018; Moore 2016; Fischer 2018; Cíbik und Hardoš 2022 참조) 아마도 고도로 정치화되고 또 소위 '비과학적인' 개념이 문제여서라기보다는(Pfahl-Traughber 2015 [2002] 참조),[1] 이 주제를 이미 확립된 정치이론적 개념의 구조 안에 끼워 넣기가 어렵다는 사실과 관련이 있을 것이다. 즉 '음모이론'에서 실제 중요한 것은 진리 주장이 담긴 이론 구성물일까, 정치 서사적 버전들일까? 아니면 포퓰리즘적 혹은 권위주의적 행위자의 의사소통적 권력전략들일까? 다음에서 나는 개념적 명료화와 민주주의 이론적 배치와 결부된 이 주제의 복합성에 정치이론적으로 접근하는 방식을 제안할 것이다. 내가 주장하는 바는 바로 음모사고 및 민주주의 공공성에 미치는 그 영향들의 최근 형식들을 분석하기 위해 이론적으로 새로운 조정이 필요하다는 점이다. 즉 음모설이란 **불신 공동체화의 의사소통적 현상들**이며, 이 현상들에는—불합의-공화주의적 민주주의 이론이 종용하듯이—생산적 공동체화 형식들을 통해 대처할 수 있고 또 그렇게 대처해야 한다.

---

[1] 음모이론적 사고를 둘러싼 논쟁이 그 정치적 도구화와 단순하게 분리되기 어렵다는 점은, 특히 칼 포퍼의 '음모이론' 개념에 의해 처음부터 낙인되었기 때문에 분석을 복잡하게 만든다. 정치이론적 관점에서 보면 이와 같은 어려움은 이 난제 자체를 연구대상으로 다룰 수 있다.

음모설과 디지털 변동

음모와 관련해서는 고대 로마 이래로 과장된 경고성의 기록이 존재함에도 불구하고—가장 유명한 버전으로 살루스티우스의 '카틸리나의 음모(*De Coniuratione Catilinae*)'(Pagán 2008 참조)가 있다—1945년 이후에나 이르러 '음모이론'의 체계적 구상이 형성되었다. 칼 포퍼의『열린사회와 그 적들』이후로 이 구상은 바로 Coniuratione라는 이 용어와 확고하게 연결된다. 포퍼의 사이비 사회과학적 결정론 비판—말하자면 사회의 '음모이론'(Popper 1992 [1945])으로서, 신에 대한 믿음을 세속적으로 대체하여 복잡한 현실을 인간의 (비밀)계획들의 결과로 해석한다는 비판—에 이어, 최신 개념들은 무엇보다도 두 가지 음모이론적 구조의 특징이 두드러진다. **첫째**, 소위 '음모이론'은 보다 폭넓은 사정권의 이론특성이 있다고 주장한다. 말하자면, 추정된 증거를 바탕으로 서로 다른 사건들과 상황들의 대다수가 어떤 특정 행위그룹의 비밀계획으로 소급될 수 있다는 것이다. 이 이론의 주장은 전형적으로 '이론의 외양'을 걸치고 있다. 음모논제들은 과학적 느낌을 불러일으키는 텍스트로 유통되고, 비록 출처의 내용, 참조관행의 순환성, 무엇보다 '이론' 입증의 문제적 시도가 불충분한 '증거제시'에 의해 비판될지라도 출처와 각주를 구비하고 있다(Byford 2011: 113). 이에 더해 **둘째**, 내용적 구조의 특징이 있다. 연구문헌에서는 거듭 '음모이론'의 특징으로 서사구조를 거론하는데, 그것은 유독 악당과 사악한 의도만을 확인하는 것이 아니라 서사적 **배치**(emplotment) 형식의 시간적 해석모형을 제공한다(이에 대해서는 Koschorke 2012). 즉 사악한 계획에는 역사적 차원이 있다는 것, 곧 이 계획이 오래전의 불행을 책임진다는 것을 뜻할 뿐만 아니라, 영웅적으로 사악한 계획에 맞서야 하고, 정체를 드러내는 행위자는 마지막 순간까지 계획의 완성을 저지하며 최악을 방지해야만 한다. 이러한 서사의 특성은 결정적으로 음모이론적 해석모형의 응집력을 통해 가능해진다. 즉 음모이론적 이야기에서 행위자, 줄거리, 사건은 시간-인과적으로 연결되고 감동-동원으로 매개된다.

'고전적' 구상은 물론 음모이론적 구조의 특성뿐 아니라 그로부터 발생하는 기능성도 기술하고 있다. 즉 이 구상은 되풀이되는 주장처럼 인과관계주장과 책임전가를 통해 일의적이고 의미창출적인 방향성을 제시한다. 이러한 음모사고의 현혹적 특성에 이데올로기적으로-급진화하는 내용과 '음모이론'의 도구화가능성에 대한 **냉전 자유주의자**의 상응하는 경고가 기반을 두고 있다. 게다가 후자는 반복되는 진단처럼 에피스테메적 면제기능도 이루어낸다. 즉 그것은 복잡한 세계, 주로 모순적으로 나타나는 세계—더 정확하게 말하자면 특히나 복합적이고 동력적인 기능연결의 '현대' 세계에 대한 매력적이고 단순한 해석을 제공하는 것이다. 이렇게 확인된 구조특성 및 기능특성에서 일관되게 민주주의 위험이라는 진단이 생겨난다. 즉 이와 같이 고안된 '음모이론'은 제도적 신뢰와 엘리트신뢰를 잠식하고 그 수용자를 이데올로기화와 극단주의에 감염시킨다(Imhoff, Lamberty und Klein 2018). 이렇게 잘 맞아떨어지는 구상은 기본적으로 숱한 과학적 분석만이 아니라 독일공민운동, 큐어넌(QAnon), 크베어덴켄(Querdenken)[2]에서 시작된 민주정치적 도전에 대한 공식적 논쟁을 위한 것이다. 그러나 바로 이러한 현재 현상에서 바라보면 확립된 구상은 물론 분석적 한계에 부딪힌다.

---

2 [옮긴이 주] 독일의 자유민주주의를 표방한 단체로 코로나19 봉쇄정책에 맞서 반대운동을 펼쳤다.

그 이유로 큐어넌 추종자와 크베어뎅켄이 공유하는 컨텐츠가 서사적으로 일관되지 않고 설명의 불일치가 현저하다는 점을 들 수 있다. 즉 큐어넌이 무슬림이나 유대인 혹은 '딥스테이트(Deep State)'[3]를 똑같이 공개적으로 지탄할 때, 과연 명확하게 정의되는 행위그룹이 고발되고 있는 것일까? 크베어뎅켄 내의 서로 다른 해석버전들이 반자유주의적-좌파-국가, 강제백신접종을 통한 유전자 변형 및 '거대 교류'에 대해 매우 다른 방식으로 경고할 때, 비밀계획이란 도대체 어디에 있는 걸까? 정확하게 '이론'은 무엇을 설명할 수 있으며, 정확하게 증거 제시는 어떻게 이루어지는가? 서사적 일관성과 이론적 기대에서 멀어진 음모이론적 현상의 구조적 속성 변화는 적어도 부분적으로는 미디어 변동에 기인한다는 점이 설득력 있다(Hausteiner 2021). 일부 독일공민연출장면도 포함해 크베어뎅켄과 큐어넌은 일차적으로 해당 콘텐츠의 공유가 집중되고 가속화되며 더 넓은 지역으로 파급되는 소셜 미디어를 통해서만 소통하는 것이 아니다. 오히려 다중의 저자들을 통해 소문이 퍼진 음모논제의 다성성(多聲性)과 모순도 기하급수적으로 강화되고 있다.[4] 게다가 텍스트성은 이미지, 비디오, 텍스트-이미지-밈(Meme)에 밀려 감소하고 그와 동시에 여기에는 2000년대 초 다니엘레 간저(Daniele Ganser)와 같은 인물을 음모이론 논쟁에서 영향력 있는 행위자로 만든 전통적 이론 외양이 유지되고 있다.

'고전적' 구상으로 간주된 (인식)면제와 의미창출이라는 기능의 매력이 구조변동 특성의 관점에서는 의문스러워 보인다면, 크베어뎅켄과

---

3 [옮긴이 주] 민주주의 제도권 밖 권력세력.
4 게스는 이러한 동력에 "다중비전성"이라는 문학 개념을 적절하게 응용하고 있다(Nicola Gess 2021).

큐어넌의 매력은 어디에서 생기는 것일까? 컨텐츠상으로나 포맷상으로 불규칙한 성격을 지닌 현 음모사고의 디지털 형식들에는 심리보상 기능이 명백해 보이는데, 말하자면 추종자들 내에서의 소속감 구축이라는 이 보상기능은 의무적으로 공유된 컨텐츠도, 신뢰가 가득한 공동체성도 아닌, 공유된 불신에 의거하고 있다. 이러한 공동체 형성의 형식은 일차적으로 온라인으로 이루어지지만, 육체적 정치 공간 안에서 발현되는 것이다.

이러한 관찰을 토대로 종교학에서 해당 사회조직을 가리켜 **음모영성론**(conspirituality)이라는 용어가 붙을 때(Ward und Voas 2011), 이 용어가 적절한 이유는 한편으로 (물론 포스트전통적으로) 음모의사소통에서 공동체화하고 또 격정적인 관점이 내용에 비해 더 전면에 들어서기 때문이다. 언급된 최신 현상들은 물론 묵시록적 어조에도 불구하고 순수하게 영적인 원동력으로 이해되지는 않는다. 거기엔 오히려—공동체화하는 기능 외에—모종의 정치적 기능이 있음은 명백하다. 즉 지배엘리트와 해석엘리트에 대한 깊은 불신, 정치적 행위자로 '국민에게' 말 걸기, 되풀이되는 정치적 전복의 촉구는 일관된 음모서사 없이 해당 논쟁들을 통해 오래 이어지는 잔류적 핵심내용을 표현한다. 이러한 현 음모의사소통의 정치적 공략방향은 한편으로 정치적 목적을 지닌 도구화의 결과이지만, 또 다른 한편으로는 이러한 정치적 동원이 특히 효과적이라는 것을 나타내기도 한다. 즉 정치적 문제에 관심을 기울이고 소셜 미디어에서의 정서적 공동체 형성을 오프라인에서의 정치적 시위와 반란으로 전환하는 발의가 특히 호응을 얻고 있음은 분명하다.

기술된 민주적 공공성의 디지털 전환을 보면, '음모이론'이라는 고전적 구상의 분석적 약점은 특히 명확해진다. 대략 음모신화 혹은 음모

이데올로기와 같은 대안용어가 오래전부터 통용되고 있긴 하다. 하지만 이들 대부분은 실효성 있는 대안개념들이 아니다. 즉 음모이데올로기라는 개념은 세계관적 응집력의 가정을 강화시키며, 이는 이미 '음모이론'의 가정을 오히려 문제적인 것으로 만든다. 신화 개념은 주지하다시피 불분명하다. 반면 설득력 있는 개념대안은 미국 학자 마이클 버터(Butter 2018)가 제안한 음모설이라는 것일 터인데, 이것은 물론 오로지 '음모이론'의 특정 유형을 설명하기 위한 것이다.

'음모설'이라는 용어는 음모사고의 디지털 형식이나 현재 형식뿐 아니라 잠재적으로도 유대적 세계음모 논제와 같은 소위 고전적 '음모이론'에도 더 실효성이 있어 보인다. 이 개념은 처음부터 서사적 일관성이나 이론의 주장을 가정진 않지만, 그렇다고 배제하는 것도 아니다. 이 개념에서는 눈앞에 놓인 지식 유형의 바이러스와도 같은 확산을 포함한 의사소통 성격이 전면에 부각된다. 그리고 소문으로 퍼진 논제가 진실 및 사실성과 맺고 있는 양가적 관계가 강조된다. 즉 소문은 "전적으로 사실로 판명될" 수 있지만(Weingart 2020), 아주 혹은 일부 사실이 아닐 수도 있고, 가짜 뉴스와 겨냥된 허위정보를 포함할 수도 있다는 것이다.

공화주의적 불합의와 민주주의적 결속

이러한 개념적 첨예화는—디지털화의 조건 속에서 최근 변화된 음모사고에 적응하기 위해서만이 아니라, '음모이론'의 지배적 구상 전체에 대한 비판적 전망을 위해—정치이론적 관점에서 그 자체가 목적은 아니다. '음모이론'이 민주주의에 미치는 위험에 대한 경고는 '고전적' 구상에 바탕을 두고 있다. 그렇다면 음모설의 정서적, 의사소통적, 정치-

공동체를 형성하는 내용에 초점을 맞추면 민주주의 이론적 위험의 분석은 어떻게 달라지는가?

러스 뮤어헤드와 낸시 로젠블럼이 보여준 것처럼, 현재 음모설이 붐을 일으킨 모종의 효과는 특히 두드러지는데, 일반화된 "의심과 불신의 문화" 촉진이 바로 그것이다(Muirhead und Rosenblum 2019). (이를테면 자유주의적 관점에서) 상황에 따라 민주주의를 훼손하는 세계관적 급진화 대신에, 제도와 엘리트뿐 아니라 민주적 기본질서 전체에서—더욱 근본적으로는—공유된 에피스테메 토대에서 신뢰상실이 나타난다. 그러면 공동으로 인정된 사실과 실재의 토대가 사라지게 된다. 이러한 근본적 불신은 사회적으로 해체 효과를 지니지만, 그와 동시에—위에서 지적한 "불신 공동체"(Reichardt 2021)의 의미에서는—결속의 효과를 갖는다. 기술적으로 (또 간접적으로는 경제적으로도) 조건 지어진 민주적 공공성(Habermas 2021)의 전환은 한편으로 비록 텔레그램과 같은 가상공간에서 이루어지는 상호작용이라 해도 그룹결속력의 선택적 강화를 의미한다. 또 다른 한편 궁극적으로 사회의 근본적인 분열로 이어지지는 않지만(Mau 2022 참조), 크베어뎅켄 사상가나 자칭 제국 시민과 같이 해당 '음모설 커뮤니티'의 부분적 자기분리로 이어지는 파편화 효과도 있음은 분명하다.

이러한 설명에서 도출되는 민주정치적 영향 평가는 민주적 안정성과 변화하는 공공성 간의 연관성을 체계화하는 민주주의 이론적 틀을 기반으로 해야만 비로소 이루어질 수 있다. 이와 같은 틀은 합법적 민주주의 통치의 요구들에 대한 규범적 진술을 내놓아야 하는데, 이를테면 개인의 자유와 이해의 실현 또는 공동선의 극대화가 우선시되어야 하는지에 관한 것 말이다. 그뿐 아니라 이러한 민주주의의 존립조건도 외려 규정해야 한다. 예컨대 지속적인 시민참여, 안정적 합의 또는 능률적 제도가 필요한가? 지적한 바와 같이 '음모이론'의 규준적 구상이 결정적으로 **냉전시대의 자유주의**에서 유래했다면, 현재의 반복증상도 역시 민주주의 안정성에 대해 자유주의-개인주의적 관점을 취하는 경향이 있다. 복잡성의 극복을 위한 개인적 전략으로 이해되는 음모사고는 여기서 특히 인지적으로 설득력은 있지만, 총체화하는 세계설명의 주장으로 인해 민주주의의 위협으로 간주된다. 즉 음모사고는 포괄적이고 사이비합리적인 단독설명을 주장하기 위해 다원적이고 이성적인 논쟁을 억압한다는 것이다. 이와 같은 민주주의 이론 분석은 물론 민주적 역동성과 안정성의 특정 관점을 과소평가하고 있다.

따라서 다른 민주주의 이론적 접근방식, 곧 토르스텐 틸과 크리스티안 폴크가 윤곽을 제시한 바 있는 "불합의 공화주의"는 음모설의 영향 평가에 시사하는 바가 더 크다(Thiel und Volk 2016).[5] 공화주의는 (민주주의) 정치적 질서의 공동체적 성격을 강조한다. 불합의 공화주의는 이 질서의 갈등적이고 행동 지향적인 성격과 불합의를 촉진하는 동시에 제도적으로 안정화해야 할 필요성을 강조한다. 틸과 폴크(같은 책: 352)는 법적 그리고 국가 조직적 제도의 기능화를 활력 넘치는 민주주의 문화, 즉 한나 아렌트가 자신의 저작에서 특히나 강조한 공적 삶의 질에 직접 의존하는 것으로 이해한다. 그러므로 생동하는 민주적 공공성은 제도적 질서를 안정시키고 민주주의에 필요한 갈등을 생산적으로 구성하기 위해 절대적으로 필요한데, 그것은 "해체되지 않거나 지속적인 권력비대칭을 창출하지 않는" 방식에서(같은 책: 353) 그러하다. 여기에서 중요

---

5 틸과 폴크는 이와 같은 "불합의 공화주의"를 무엇보다도 한나 아렌트(Hannah Arendt) 저작에서 생산적으로 재구성 가능한 것으로 보고 있다.

한 것은 제도의 구조뿐 아니라 제도의 충족, 그 감성적 인지, 그리고 그 안에 심어진 신뢰 혹은 불신이다.

이를 바탕으로 "불합의 공화주의"는 **첫째**, 체계적이고 규범적으로 시민의 핵심역할, 그들 간의 상호 관계 및 민주 공동체에 대한 적극적 참여에서 출발한다. 오로지 제도와의 교호 속에서만 강도 높은 시민 참여는 민주주의를 안정화할 수 있다. 그러나 그것은 또한 공동의 정치적 행동을 위한 인간 능력을 실현한다는 점에서 그 자체로 규범적 가치가 있다. 바로 이런 의미에서 이 접근방식은 공화주의 이론의 더 폭넓은 흐름에 위치지울 수 있다.

반면 "불합의 공화주의"의 불합의적 요소는 **둘째**, 민주적 안정성이 합리적인 합의나 모든 가치 갈등의 제거에 근거할 수 없다는 가정에 있다. 오히려 활력이 넘치고 안정적인 민주주의는 갈등, 말하자면 시민들 사이의 조정되고 다원적인 다툼을 필요로 한다. 이러한 불합의는 확실히 정서적 부담으로 채워질 수 있다. 즉 수행적 민주주의 이론으로서 "불합의 공화주의"는 민주적 공론장을 구성하는 정서와 감정의 역할을 인정한다.

음모설의 붐이 민주주의 이론적으로 왜 문제가 되는지는 불합의 공화주의의 렌즈를 통해 더 체계적으로 드러난다. 한편으로 음모설은 시민들이 집단적으로 관여하지도, 공식적으로 눈에 띄지도 않고, 정치적으로 결속되지 않아 공동 권력행사에 참여하지도 않는다는 인상을 받을 때 특히 매력적이다. 디지털 공공성의 조건은 이러한 정치적 행동욕망을 유도함과 동시에 그것을 전환시킨다. 음모설은 디지털 커뮤니케이션에서 발생하지만 정치 과정에서 시민이 민주적으로 소외되는 것에 대한 해명도 제공한다. 정치적 무력감, 불법 엘리트에 의한 지배, 급진적이고 심지어는 폭력적인 수단으로 정치적 저항을 할 필요성에 대한 자각은 정치 참여 및 행동의 제도화된 방식이 접근하기 어렵고 실효성 없는 것으로 인지됨을 가리킨다.

공화주의적 민주주의 이론의 관점에서 보면 불합의 형식으로서 음모설은 극히 문제적이다. 불합의 공화주의가 서로 다르게 불합의의 생산적 형식들과 통합적 형식들을 구별한다면, 큐어넌이나 크베어덴켄의 불신 공동체화와 같은 시위 형식은 불합의를 중재하는 통합적 기본규칙을 무력화하기 때문에 민주정치적으로 지속 가능하지 않다. 즉 음모 의사소통으로 첨예화되는 제도에 대한 불신, 이를테면 미디어, 동료시민, 심지어는 공동의 에피스테메적 기반에 대한 불신은 다른 사람들과 논쟁하고 씨름할 가능성을 축소하고, 그럼으로써 민주 공동체 내의 결속력을 파괴하는 것이다.

이러한 분석에서 민주정치적으로 어떤 행동의 선택권이 도출될까? 개인주의-자유주의적 전망에서 보면, 탈정치화된 사생활로의 후퇴는 '음모이론'에 의한 인지적 미혹에 비하면 용인될 수 있는 것처럼 보일 수 있다. 그러나 일관된 '음모이론'이 중심 문제가 아니라 그 외에 제안된 공화주의-불합의의 전망을 받아들인다면, 명백히 위험천만한 공동체화로부터의 결별은 그 편에서도 위험해 보인다.

오히려 음모에 기반을 둔 불신의 공동체화는 통합적 공동체화라는 다른 형태로 맞서야 한다. 이것은 팩트체크, 합리적 반박, 정치 교육, 심지어—리처드 호프스태터(Hofstadter 1966 [1964])가 만들어낸 심리적-병리적 해석에 따라—개인 심리적 각색과 같이 자주 제안되는 대응책보다 더 유망하다. 이러한 접근방식은 모두 위에서 설명한 인지적 또는 심리적 결함의 문제 진단에서 출발한다. 여기서 논의된 주제에서 중요한 것이 실제 진정으로 정치적이고 공공-의사소통적 현상이라면, 디지털 음모설의 매력에 대한 공화주의적 분석은 보다 설득력 있는 치유적 전망을 열어준다. 즉 그것은 공동체화뿐 아니라 명백히 시위도 역시 민주주의에 호환된 방식을 권장하는데, 목표는 현대 민주주의의 진단된 소외 문제들을 보다 근본적으로 해결하는 것이다. 이와 같은 공동체화 방식은 대립적 적대감을 조장하지 않는 한 정치적 참여를 포괄할 수 있다. 정치적 효력의 자각을 높일 뿐만 아니라 실제로 정치과정에서의 활기 찬 시민 참여와 공동결정을 목표로 한 상응 제안들이 수년 동안 숙의 민주주의적 접근방식에 의해 제시되었으며 때때로 시험되기도 했다 (예를 들어 Fishkin 2009 참조). 그러나 현재의 '음모설 공동체'가 이중 공백—곧 정치적 소외와 공동체 결속 및 신뢰구축이라는 공백—을 채우고 있다는 진단이 맞는다면, 공동의 **정치적** 행동은 가능한 대안일 뿐만 아니라, 영속적 결사체 및 지역 주민회에서 임시-이익 결사체에 이르기까지 다른 형태의 결사체와 시민 참여이기도 할 것이다.

여기서 디지털 커뮤니케이션은 어떤 역할을 할 수 있는가? 디지털 커뮤니케이션이 **풀뿌리** 민주주의라는 새로운 시대를 가져올 것이라고 1990년대 확산된 테제를 돌이켜보면 순진한 것으로 입증되었지만, 현행 '소셜' 미디어를 악마화하는 것은 편파적이다. 즉 언급된 권고사항은 공공성과 정치적 과정들의 월등하게 진화한 디지털화와 결코 양립할 수 없는 것이 아니다. 수많은 새로운 민주적 시위운동들은 디지털 커뮤니케이션 덕분에 형성되었으며(Tufekci 2017), 인터넷은 다양한 형세들 속에서 활력 있고 전적으로 성공적인 커뮤니티 형성의 중심 무대가 되었다.

번역_고지현

참고문헌

Butter, Michael 2018: »Nichts ist, wie es scheint«. Über Verschwörungstheorien. Berlin: Suhrkamp.

Byford, Jovan 2011: Conspiracy Theories. A Critical Introduction. New York: Palgrave Macmillan.

Cíbik, Matej und Pavol Hardoš (2022): Conspiracy theories and reasonable pluralism, in: European Journal of Political Theory 21. 3, 445–465.

Drochon, Hugo 2018: Who Believes in Conspiracy Theories in Great Britain and Europe?, in: Joseph E. Uscinski (Hg.): Conspiracy Theories and the People Who Believe Them. New York: Oxford University Press, 337–346.

Fischer, Karsten 2018: Über Wahrheit und Täuschung im verschwörungstheoretischen Sinne, in: Günter Blamberger, Axel Freimuth und Peter Strohschneider (Hg.): Vom Umgang mit Fakten. Antworten aus Natur-, Sozial- und Geisteswissenschaften. Paderborn: Fink, 65–78.

Fishkin, James S. 2009: When the People Speak: Deliberative Democracy and Public Consultation. Oxford: Oxford University Press.

Gess, Nicola 2021: Halbwahrheiten. Zur Manipulation von Wirklichkeit. Berlin: Matthes & Seitz.

Habermas, Jürgen 2021: Überlegungen und Hypothesen zu einem erneuten Strukturwandel der politischen Öffentlichkeit, in: Leviathan 49. Sonderband 37, 470–500.

Hausteiner, Eva Marlene 2021: Zwischen Welterklärung und Fake News. Digitalisierte Verschwörungsgerüchte und die Unterminierung von Wahrheit in der Demokratie, in: Frieder Vogelmann und Martin Nonhoff (Hg.): Wahrheit und Demokratie. Baden-Baden: Nomos, 141–164.

Hofstadter, Richard 1966 [1964]: The Paranoid Style in American Politics and Other Essays. New York: Knopf.

Imhoff, Roland, Pia Lamberty und Olivier Klein 2018: Using Power as a Negative Cue: How Conspiracy Mentality Affects Epistemic Trust in Sources of Historical Knowledge, in: Personality and Social Psychology Bulletin 44. 9, 1364–1379.

Koschorke, Albrecht 2012: Wahrheit und Erfindung. Grundzüge einer Allgemeinen Erzähltheorie. Frankfurt a. M.: Fischer.

Mau, Steffen 2022: Kamel oder Dromedar? Zur Diagnose der gesellschaftlichen Polarisierung, in: Merkur 76. 874, 5–18.

Moore, Alfred 2016: Conspiracy and Conspiracy Theories in Democratic Politics, in: Critical Review 28. 1, 1–23.

Muirhead, Russell und Nancy L. Rosenblum 2019: A Lot Of People Are Saying. The New Conspiracism and the Assault on Democracy. Princeton: Princeton University Press.

Nachtwey, Oliver, Robert Schäfer und Nadine Frei 2020: Politische Soziologie der Corona-Proteste. Basel: Universität Basel.

Pagán, Victoria E. 2008: Toward a Model of Conspiracy Theory for Ancient Rome, in: New German Critique 35. 1, 27–49.

Pfahl-Traughber, Armin 2015 [2002]: »Bausteine« zu einer Theorie über »Verschwörungstheorien«: Definitionen, Erscheinungsformen, Funktionen und Ursachen, in: Helmut Reinalter (Hg.): Verschwörungstheorien. Theorie – Geschichte – Wirkung. Innsbruck: StudienVerlag, 30–44.

Pigden, Charles R. 2007: Conspiracy Theories and the Conventional Wisdom, in: Episteme. A journal of individual and social epistemology 4. 2, 219–232.

Popper, Karl 1992 [1945]: Die offene Gesellschaft und ihre Feinde. Band 2: Falsche Propheten: Hegel, Marx und die Folgen. Stuttgart: UTB.

Popper, Karl 2006: The Conspiracy Theory of Society, in: David Coady (Hg.): Conspiracy Theories. The Philosophical Debate. London: Routledge, 13–16.

Reichardt, Sven (Hg.) 2021: Die Misstrauensgemeinschaft der »Querdenker«. Die Corona-Proteste aus kultur- und sozialwissenschaftlicher Perspektive. Frankfurt a. M.: Campus.

Sallustius Crispus, Gaius 1976: De Catilinae coniuratione. Kommentiert von Karl Vretska. 2 Bände. Heidelberg: Winter.

Schneider, Jana, Josephine B. Schmitt und Diana Rieger 2020: Wenn die Fakten der Anderen nur eine Alternative sind – »Fake News« in Verschwörungstheorien als überdauerndes Phänomen, in: Ralf Hohlfeld, Michael Harnischmacher, Elfi Heinke, Lea Sophia Lehner und Michael Sengel (Hg.): Fake News und Desinformation. Herausforderungen für die vernetzte Gesellschaft und die empirische Forschung. Baden-Baden: Nomos, 283–295.

Thiel, Thorsten und Christian Volk 2016: Republikanismus des Dissens, in: dies. (Hg.): Die Aktualität des Republikanismus. Baden-Baden: Nomos, 345–369.

Tufekci, Zeynep 2017: Twitter and teargas. The power and fragility of networked protest. New Haven und London: Yale University Press.

Ward, Charlotte und David Voas 2011: The Emergence of Conspirituality, in: Journal of Contemporary Religion 26. 1, 103–121.

Weingart, Brigitte 2020: »Krass dringende Nachricht an euch alle«. Brigitte Weingart über die Corona-Krise und Gerüchte-Pandemie, in: Gender-Blog der Zeitschrift für

Medienwissenschaft, 7. April. ‹https://zfmedienwissenschaft.de/node/1476›.

Zick, Andreas, Beate Küpper und Wilhelm Berghan 2019: Verlorene Mitte – Feind-
selige Zustände. Rechtsextreme Einstellungen in Deutschland 2018/19. Hg. für die
Friedrich-Ebert-Stiftung von Franziska Schröter. Bonn: Dietz.

갈등 속에서 연결되어 있음
국가, 거리, 조직된 불신

파 반 쿠 마 르 말 레 디

시리아에서 온 기독교 신자, 가톨릭교도와 유대교도, 이슬람교도, 힌두교도, 자이나교도, 조로아스터교도 등 다양한 종교 공동체가 살고 있는, 인도 남부 도시 코치(Kochi)에서는 지난 3000년 동안 종교 사이에 폭력 사건이 단 한 건도 없었다고 한다. 이는 무엇보다 비슷한 크기와 인구 구조를 가진 다른 인도 도시들과 비교해 볼 때 특히 주목할 만하다. 그래서 인도의 정신분석가이자 이론가인 아시스 난디(Ashis Nandy)는 코치가 "좋은 시민의식에 대한 모든 시험을 통과했다."라는 결론을 내린다(Nandy, Sebastian 2014에서 인용). 난디는 '이것이 어떻게 성공할 수 있었을까?'라는 의문을 품고 연구를 하다 비록 사람들이 거의 주목을 하지 않지만 매우 설득력 있는, 인도 민주주의에 대한 다음과 같은 관찰을 하게 되었다. 코치 시민들이 싸움과 폭력을 피할 수 있었던 까닭은 그들이 서로 다른 종교 공동체들에서 하나의 공통된 소극적인 편견을 보았기 때문이다. 모든 공동체는 자신들이 최고의 공동체이며 문화적으로 우월한 공동체라고 생각하며, 다른 공동체들도 그렇게 생각한다는 것을 안다. "코치의 아주 아름다운 세계시민주의는 유감스럽게도 반감에 토대를 두고 있었다."라고 난디는 설명한다(같은 곳). "하지만 나는 적어도 몇 가지 특이한 요인은 확인할 수 있었다. 다른 공동체를 언급하지 않고는 누구도 그 도시를 설명할 수 없다. 사람들은 그 도시가 수많은 공동체로 이루어져 있다는 것을 잘 알고 있다."(같은 곳). 난디(같은 곳)에 따르면 이러한 [서로 우월하다 여기는] 차별적 우월성 또는 차별적 평등에 대한 상호 인정은 "형제애라는 고상한 개념이 아니라" 서로에 대해 편견과 부정적 감정을 가지고 있는 동등한 다른 이들이 있다는 것을 생각하는 (길들여지지 않은) 계산된 습관에 토대를 두고 있다. 이것은 코치의 공동체들이 서로 관계할 때 자신이 압도한다고 느끼지 않고 자신이 우월하다고 느끼는 것을 가능하게 해준다. 사람들은 적대감이 없이 편견을 가지고 만나고, 오만함이 없이 자만감을 가지고 만난다. "그들은 서로 인간적으로 관계한다. 적대감뿐만 아니라 애정도 있다." (Nandy, The Hindu 2014에서 인용).

그러므로 이 공동체들은 끊임없이 다투고 있는 닫힌 공동체들이 아니다. 오히려, 세네갈 철학자 디아뉴(Souleymane Bachir Diagne)가 지적했듯이, 이 공동체들은 수평적 관계를 맺고 있는 공동체들이며, "수많은 옆 가지로 연결되고 서로 가로지르며 연결된 네트워크 또는 '연결된 사회들'이다"(Diagne, Mangeon 2020: xix에서 인용). 반면 수직적 관계는 제국의 논리와 제국주의 세계 질서에 속한다. 디아뉴에 따르면 수평적 보편주의는 모든 공동체가 인류의 집단적 비전에 이바지하지만, 수직적 휴머니즘은 서구를 중심에 두고 나머지 세계가 그것에 따르거나 그것에 동화하도록 강요하는 것이다.

불신과 신뢰, 수직적인 것과 수평적인 것

하지만 내가 주목하는 것은 코치의 다양한 공동체가 서로 연결되어 있다고 느끼는 허물없는 적대관계이다. 피에르 로장발롱(Rosanvallon 2017: 11)에 따르면 신뢰에 바탕을 둔 공동체, 사회적 유대, 집단적 연대, 민주적 삶은 "조직된 불신의 형태들"로 이해할 수 있다. 신뢰에 바탕을 둔 공동체는 수평적 축과 수직적 축을 따라 만들어진다. 내가 여기서 주장하고 싶은 것은 이 두 축이 갈등하며 거리라는 공적인 공간에서 만나게 된다는 것이다. 내가 이해하는 "신뢰"의 의미는 마크 워런(Mark Warren)이 정의한 것처럼, "다른 이에게 어떤 재화의 처분을 맡겨, 그가 나쁜 마음을 먹으면 내가 손해를 볼 수도 있다는 점을 감수하는 (암묵적인 또는 습관적인) 결정"이라는 고전적 정의(Warren 1999: 311)의 의미이며, 클라우스 오페(Offe 2001: 249)가 정의한 것처럼 "다른 이가 행동하거나 행동하지 않음으로써 개인이나 집단의 복지에 이바지하거나 적어도 해로운 행동을 자제할 것이라는 인지적 기대"라는 의미다.

'기대'라는 개념과 관련하여 내가 일러두고 싶은 것은 신뢰가 이성적 판단인 동시에 감성적 판단이라는 점과, 귀납적 판단인 동시에 연역적 판단이기도 하다는 점이다. 신뢰는 개인이 서로 관계를 맺는 새로운 개별 경험들로부터 귀납적으로 생길 수 있을 뿐만 아니라 연결 문화의 일부인 규범들과 관계들로부터 연역적으로 생길 수도 있다. 이러한 신뢰는 긍정적 신뢰라고 부를 수 있다. 이러한 신뢰는 현상학적 전통에서 잘 알려진 "어린아이와 같은 신뢰"라는 개념에 해당하며, 세상에 "내던져져서" 세상의 특정한 문화나 맥락에 익숙해져서 생긴 것이다(Baier 1986: 241). 다른 한편, '인식론적 신뢰'도 있다. 이러한 신뢰는, 짐멜에서 워런에 이르기까지 수많은 사회 이론가들이 주장했듯이, 미래 지향적이고, 위험을 고려하며, 이른바 사전 투자로 여겨진다. 오페(Offe 2001: 248)에 따르면 이러한 신뢰는 "부정적인 행동 특성들에서 관찰되고 측정될 수 있다." 이러한 다양한 철학적, 문화적 지향을 고려할 때 나는 신뢰를 하나의 통일적인 범주로 정의하고 싶지 않다. 오히려 나는 신뢰를, 종교적 믿음, 연대감, 정당성, 획득한 권위, 심지어 충성심도 포함하는, 정서적 비유, 분석적 틀, 문화적 특성이 융합된 것으로 이해한다. 피오트르 슈톰프카(Sztompka 1999: 48)는 신뢰, 충성, 연대의 개념적인 가까움을 다음과 같이 요약한다.

(a) 신뢰는 다른 사람으로부터 존엄한 대우를 받을 것이라는 기대이다.
(b) 충성은 다른 이가 우리 속에 만들어준 신뢰를 깨뜨리지 않을 의무이며, 스스로 정한 의무들을 따를 의무다.
(c) 연대는 다른 이의 이익에 대해 관심을 갖는 것이며, 우리 자신의 이익을 희생하더라도 다른 이를 위해 기꺼이 행동할 마음가짐이다.

정서들, 행동방식들, 이성적 특성들의 이러한 다양한 조합들 속에서 오페가 수직적 축과 수평적 축을 따라 신뢰 개념을 정의한 것을 더자세히 살펴볼 필요가 있다. 오페(Offe 2001: 244)에 따르면 수평적 신뢰 관계는 "정치 엘리트와 다른 부문 엘리트 사이에" 존재할 수 있지만, "수직적 신뢰 관계"는 "엘리트에서 출발하여 유권자 또는 대중 전체의 성향과 관계를 맺는" 관계이다. 수직성과 수평성에 대한 이러한 설명은 탈식민주의 맥락에서는 거의 정반대이다. 디아뉴에 따르면, 예를 들어 인종, 국가, 문명에 따라 세계를 위계적으로 구분하는 수직성은 제국의 작품이며, 수평성은 식민지 프로젝트에 의해 합쳐졌지만, 이전에는 분리되었던 토착 문화들의 영역으로 보이거나, 공통된 억압자 아래에서 공유된 문화 공간으로부터 생긴, 공통된 문화로 보인다. 실제로 디아뉴의 동포인 음벰베(Achille Mbembe)는 식민지 지배자들과의 공유 공간에서 생겨난 공통 문화가 식민지 사람들을 호모 루덴스의 본보기로 바꿨다고 주장했다. 그것은 "그들의 정체성을 분열"시켰고 "끊임없이 자신의 역할을 바꾸는 것처럼 자신을 표현"하게 만들었다(Mbembe 1992: 5). 하위사회(subaltern) 연구의 창시자인 인도 역사가 라나지트 구하(Guha 1999 [1983])에 따르면, 공식적인 편지, 사무원, 관료적 휘장이 지배적 담론의 위계를 나타낸다고 가정한다면, 소문은 하위사회의 기초를 형성한다. 상징적 불복종과 방해 행위, 그리고 평등하지는 않지만 동등한 공동체의 일원으로 농민을 동원하는 데 사용되는 의식과 종교적 상징은 반식민지 연대의 생명줄을 형성한다.

연대를 충성심과 비슷한 맥락에서 신뢰의 영향 곡선으로 이해한다면(Sztompka 1999: 48), 연대와 신뢰는 장기적으로 위험, 불확실성, 불편함을 의미할 수 있다는 점에서 유사하다고 케이티 부드로 모리스(Boudreau Morris 2017: 467)는 덧붙인다. 오늘날의 관점에서 수직적 연대를 통한 신뢰 기반 커뮤니티의 형성은 다음과 같은 모습일 수 있다. 즉 경찰관이 무장 세력에 의해 살해당하면 내무부 장관, 고위 공무원, 모든 경찰 계급, 폭력을 거부하는 자경단 등 모든 권력 기관이 위에서 아래로 수직적으로 뭉친다. 반대로 반군이 살해되거나 국가에 의해 반체제 인사로 간주되는 사람이 살해되면 아디바시족 또는 부족 공동체, 노동조합, 페미니스트 단체, 종교적 소수자, 하층 카스트 및 기타 구조적 폭력의 피해자 등 수평적 신뢰 축을 따라 많은 하위 집단이 합쳐진다. 이로 인해 공공 영역과 수평적 커뮤니티의 인쇄 매체에서 두 번째 담론이 형성된다. 이 담론은 오페(Offe 2001: 244)가 다양한 종류의 "엘리트", 즉 "교회, 언론, 군대, 경찰, 법원 또는 의료계의 대표"로 분류하는 집단에 대한 대중의 신뢰에 관한 것이다.

리처드 로즈(Richard Rose, Offe 2001: 269에서 인용)와 같이 수직적 신뢰가 "시민 사회와 민주주의의 필수 조건"이라고 가정할 때, 수직적 신뢰는 "체계적인 불신과 의심의 태도"(Offe 2001: 264)를 특징으로 하며, 결국 이러한 신뢰는 그 본질상 위험하고 검증되지 않은 것이다. 오페가 보기에 불신은 현대 민주주의에서 엘리트에 대한 수직적 신뢰의 필수적인 부분이다. 이러한 신뢰는 유권자가 부여한 위임장의 형태로 '한시적으로' 주어지는데, 선출된 대표자들은 "권력을 유지하기 위해 다음 선거에서 '내' 표를 기대할 수 있다는 사실"을 항상 염두에 두고 있다(같은 책: 265). 그 결과 발생하는 '수평적 불신'—오페에 따르면, 한 계급이나 공동체의 사람들이 처음에 그들을 지지했던 사람들에 대한 불신을 표현하는 한 수평적이라는 점에서—은 분명 긍정적인 결과를 가져올 수 있다.

이는 "동료 시민의 신뢰성에 대한 구조적 확신 부족을 제도의 불변성과 지속성에 대한 신뢰, 특히 자유민주주의라는 제도적 시스템에 대한 신뢰로 대체함으로써만 극복할 수 있다"(같은 책: 265). 로장발롱에 따르면 현대 민주주의 국가는 특정 인구 집단의 신뢰를 얻기 위해 불신을 동원하고 때로는 불신을 조직하고 배포한다. 나는 인도의 두 공동체 사이의 폭력을 예로 들어 이를 설명하고자 한다.

공동체의식, 갈등, 조직된 불신

하누만 신의 생일 전날인 2022년 4월 16일, 독실한 힌두교도들의 공개 행렬이 지역 모스크 앞에서 멈추자 폭력으로 변질되어 신도들에게 큰 소란을 일으켰다. 행렬에는 이동식 확성기 군대에 의해 증폭된 힌두교 노래가 수반되었다. 충돌 당사자 중 한 명이 모스크 방향에서 날아온 것으로 추정되는 돌에 맞았고, 이어진 난투극으로 20명 이상이 중상을 입었다. 사망자가 발생하지 않았다는 사실은 놀랍다. 인도에서 이러한 공동체 간 폭력 발생으로 사망자가 발생하는 것은 드문 일이 아니기 때문이다.

델리의 자한기르푸리 지역에서 발생한 이번 사건은 특히 흥미롭다. 자한기르푸리에는 1970년대 도시에서 쫓겨난 다양한 인종과 종교적 배경을 가진 시골 이주민들이 주로 거주하고 있으며, 현재는 불안정한 노동으로 생계를 이어가고 있다. 이들은 쓰레기를 분류하고, 헝겊을 모으고, 거리를 청소하거나 길가에서 과일과 채소를 판매한다.

그렇다면 국가는 이러한 불안에 어떻게 반응했을까? 정부는 예상대로 거리의 무슬림 공동체의 기반 시설인 다르가, 노점상들의 수레와 가판대, 오두막을 계획 허가가 부족하다는 구실로 파괴하는 방식으로 대응했다. 무슬림 커뮤니티는 특히 피해를 입었다고 느꼈고(당연히 그래야만 했다) 이 문제를 대법원에 제소했다. 법원은 불도저를 회수했지만, 책임 기관인 노스델리 시공사(NDMC)는 힌두 민족주의 정당인 BJP의 대표자가 주재하는 기관으로 판사의 판결에 전혀 귀를 기울이지 않았다. 수많은 주 정부 대표들이 수식적 연대를 통해 힌두교도들의 분노를 달래거나 굴복시키기 위해 한자리에 모였다. 아밋 샤 내무부 장관은 이러한 노력에 주도적인 역할을 했다. 그는 BJP의 강력한 반대자였지만 힌두교도 표를 잃을까 봐 철거에 반대하지 않았던 아르빈드 케즈리왈 델리 시장과 시 주요 정치인, 그리고 철거를 감독하는 델리 경찰의 암묵적 승인을 받았다. 그렇다면 이러한 수직적 연대의 형태는 신뢰와 불신에 대한 나의 탐구에서 무엇을 보여줄까? 로장발롱은 인도 국가의 행동과 수직적으로 구조화된 위계질서를 조직된 불신의 생생한 사례로 해석하는데, 그에 따르면 약속과 문제 사이의 이분법은 민주주의라는 개념 자체에 내재되어 있기 때문이다. "실제 민주주의의 역사는 영구적인 긴장과 갈등으로부터 분리될 수 없다"(Rosanvallon 2017: 11). 로장발롱에 따르면(같은 책: 10), 이러한 갈등은 특히 '고귀한 이상'이 그 이상을 실현하려는 다양한 사회 행위자들의 이해관계에서 비롯된 저항에 부딪힐 때 두드러지게 나타난다. 그 결과, "실제 존재하는 (…) 민주주의는 (…) 사례마다 그 정도는 크게 다르지만 역전되지는 않았더라도 미완의 상태로 남아 있다"(같은 책). 민주주의 국가들은 이러한 갈등을 억제하고 다수의 신뢰를 얻기 위해 조직적인 불신을 제도화했다. 예를 들어, 더 빈번한 선거와 "비공식적인 사회적 관행, 견제와 균형의 복잡한 앙상블뿐만 아니라 (…) 조직된 형태의 불신을 통해 신뢰 상실을 보완하도록 설계된 제도"(같은 책: 11)를 통해 이를 수행했다.

힌두교를 믿는 유권자 다수를 달래거나 오히려 조직적인 불신을 통해 그들의 신뢰를 얻으려는 인도 정부의 시도가 그 생생한 예이다. 인도 정부는 "견제와 균형"(같은 책)을 적용한다는 명분으로 힌두교도 다수의 인도 정부에 대한 신뢰를 강화하려는 명백한 의도로 무슬림 소수에게 집단적 불신을 심어주었다. 로장발롱은 사회적 대항 세력의 동원에 대해 말할 수 있다. 무슬림들은 폭력의 영향을 받은 지역의 모스크문이 철거된 반면 비슷한 건축 양식의 인근 힌두교 사원은 무사했기 때문에 피해의식을 느낄 수밖에 없었다.

그러나 국가가 조직한 불신은 의심의 여지가 없다. 특히 불신을 조직함으로써 국가는 권력에 대한 권리의 일부를 포기하고 이를 개인과 공동체에 전가하기 때문에 저항에 부딪히게 되는데, 슈루티 카필라(Kapila 2021)가『폭력적 형제애』에서 주장한 것처럼 '여기 폭력에 취약하고 우리가 통제할 수 없지만 다른 공동체의 도움으로 그들을 길들일 수 있는 반항적인 공동체가 있다'는 것이다. 바로 이러한 이유로 개인과 커뮤니티는 조직적인 불신을 행사할 수 있다. 자한기르푸리 폭동에서 확성기 사용에 대한 부차적인 담론이 조직적인 불신의 결과로 나타난 것이 그 좋은 예이다. 우파 힌두교도 지도자들은 모스크에 설치된 확성기에서 나오는 무슬림의 '소음 공해'에 대해 말했지만, 힌두교 사원의 소음 수준은 결코 낮지 않으며 특히 공휴일에 확성기가 설치되면 더욱 심해진다. 선동된 힌두교도 대표들이 현장에 나타나 지역 사원의 확성기 시스템에 자금을 지원하겠다고 협박했고, 이 확성기는 사원 앞에서 만트라를 최대 볼륨으로 방송하는 데 사용되었다. 마하라슈트라 주에서 활동하는 극우 정당으로 집권당인 인도국민당(BJP)과 경쟁 관계에 있는 마하라슈트라 나브니르만 세나(MNS)의 지도자들은 심지어 아침 기도 시간에 모스크 앞에서 2시간 동안 하누만 찰리사 전체를 최대 볼륨으로 낭송하겠다고 협박했다. 확성기를 이용한 이러한 '소리 지르기 대회'는 공공질서와 공동체 간의 평화를 심각한 시험대에 올려놓을 수 있었고, 주정부는 거리뿐만 아니라 내러티브에 대한 통제력을 상실할 위험에 처했다. 우타르 프라데시 주 총리는 지역 사회 긴의 충돌을 막기 위해 주 내 모스크와 사원에서 45,000개의 확성기를 압수하는 등 공세에 나섰다.

수평적 연결과 조직된 불신에 맞선 저항

국가가 조직된 불신에 대한 통제력을 점점 상실해가자 활동가, 학자, 좌파 신문은 공적 담론을 바꾸고 수평적 연대를 구축하기 시작했다. 비국가 행위자들로 구성된 이 수평적 공동체는 신문과 뉴스 채널에서 나민족 자한기르푸리의 세속적 전승과 화해 및 이웃 전통을 되살리는 데 성공했으며, 항상 겸손하고 세속적이며 이주민과 하위민족의 뿌리를 상기시키려는 열린 의도를 가지고 있었다. 1976년 인도에 비상사태가 발생했을 때 델리시는 '미화 운동'을 벌여 다양한 종교와 배경을 가진 약 7만 명의 시골 이주민을 도심에서 이주시켰다. 이주민 중 상당수가 현재 자한기르푸리로 알려진 지역에 정착했다. 폭동 이후 현지 언론은 다민족이 모여 사는 이곳에 대한 자부심을 드러내는 과거와 현재의 수많은 기사를 쏟아냈다. "여기는 내 정육점인데, 위층은 힌두교도 (···) 의 소유이다. 여기에는 무슬림과 힌두교도가 서로 다른 층을 차지하고 있는 집이 여러 채 있다.'라고 임란은 자신의 정육점을 가리키며 말했다" (National Herald 2001).

　주민들은 단순히 카메라가 자신을 향하고 있기 때문이 아니라 철거로 인해 생계 수단을 잃은 것에 대한 분노와 슬픔으로 이러한 이야기를 전했다. 노점상, 빈민가 거주자, 거리 청소부, 쓰레기 수거인, 고물상 등 불도저와 노점 거래를 불가능하게 하는 이른바 144조 적용으로 큰 타격을 입은 사람들은 이 분쟁으로 더 큰 고통을 겪었다. 폭동이 발발한지 약 일주일 후, 수평적 공동체는 지도자나 이데올로기 없이, 배후에 어떤 정당도 없이 국가가 할 수 없거나 하지 않으려는 일을 해냈고, 평화롭게 거리로 나섰다. 티랑가 야트라 또는 '3색 행렬'이라고 불리는 이 시위는 각 색이 인도의 3대 종교(힌두교, 이슬람교, 기독교) 중 하나를 상징하며, 마치 편견으로 채워진 다원주의가 만연한 코치의 모습을 본뜬 듯하다(Nandy, The Hindu 2014에서 인용). 결국 "우리를 하나로 묶는 것을 파괴하려 한 것은 외부인이었다. 우리는 그런 일이 일어나도록 내버려 두지 않을 것이다."(Mohan und Singh 2022)라는 한 시위자의 말처럼 말이다.

수평적 연대는 국가가 조직한 불신에 대한 방어적 반응으로 가장 잘 설명되며, 따라서 일종의 사회적 불신도 내포하고 있다. 따라서 로장발롱(Rosanvallon 2017: 27)도 이러한 "불신의 관행들"에 대해 언급한다.

그것들은 시민들의 유익한 경계심을 촉진하고 이러한 방식으로 국가 당국이 사회적 요구를 더 잘 수용하도록 만드는 데 기여하지만 때로는 파괴적인 형태의 거부와 명예 훼손을 선호할 수 있다(같은 곳).

나는 바로 이 모순, 즉 (해당하는 다수의 사람들이 그렇게 보듯이) 외부적이고 수직적으로 생성된 종교적 갈등에서 생겨난, 수평적 유대와 신뢰에 기반을 둔 하위 공동체가 유익할 수 있지만, 동시에 다수에 바탕을 둔 국가 권력이 불신을 조직할 수 있는 패권적 틀에 여전히 의존하고 있다는 사실로 결론을 내리고자 한다. 자한기르푸리의 사례에서 갈등이 새로운 형태의 신뢰 또는 신뢰 기반 공동체의 출현을 위한 전제 조건이 아니라는 점을 강조할 필요는 없을 것이다. 그러나 기존의 갈등은 현상 유지를 위해 의도적으로 불신을 심는 패권적 구조에 대해 수평적 공동체가 어떤 종류의 압력을 가할 수 있는지를 이해하는 데 도움이 되는 판단의 틀을 제공할 수 있다. 다시 말해, 국가가 조직한 불신에 대한 저항은 권리를 빼앗긴 공동체들이 그러한 불신을 받아들이고, 관심을 기울여, 공동체적 연대와 신뢰형성의 매개체로 바꾸는 것으로 반영된다.

번역_김광식

참고문헌

Baier, Annette 1986: Trust and Antitrust, in: Ethics 96. 2, 231–260.

Boudreau Morris, Katie 2017: Decolonizing Solidarity. Cultivating Relationships of Discomfort, in: Settler Colonial Studies 7. 4, 456–473.

Guha, Ranajit 1999 [1983]: Elementary Aspects of Peasant Insurgency in Colonial India. Durham: Duke University Press.

The Hindu 2014: A unique communal harmony in Kochi, in: The Hindu, 30. Juli. ‹https://www.thehindu.com/news/cities/Kochi//article60062744.ece›.

Kapila, Shruti 2021: Violent Fraternity. Indian Political Thought in the Global Age. Princeton: Princeton University Press.

Mangeon, Anthony 2020: Foreword, in: Souleymane Bachir Diagne und Jean-Loup Amselle: In Search of Africa(s). Universalism and Decolonial Thought. Cambridge und Medford, MA: Polity, vii–xxii.

Mbembe, Achille 1992: Provisional Notes on the Postcolony, in: Africa. Journal of the International African Institute 62. 1, 3–37.

Mohan, Anand und Manral M. Singh 2022: At Violence-hit Jahangirpuri, a Common Refrain: ›We live in peace, outsiders ruined mahaul‹, in: The Indian Express, 17. April. ‹https://indianexpress.com/article/cities/delhi/violence-hit-jahangirpuri-we-livein-peace-outsiders-ruined-mahaul-7872685/›.

National Herald 2022: Jahangirpuri: Mandir escapes demolition drive even as Masjid's front gate destroyed; Muslims unhappy but calm, in: National Herald, 20. April. ‹https://www.nationalheraldindia.com/india/jahangirpuri-mandir-escapes-demolitiondrive-even-as-masjids-front-gate-destroyed-muslims-unhappy-but-calm›.

Offe, Claus 2001: Wie können wir unseren Mitbürgern vertrauen?, in: Martin Hartmann und Claus Offe (Hg.): Vertrauen. Die Grundlage des sozialen Zusammenhalts. Frankfurt a. M. und New York: Campus, 241–294.

Rosanvallon, Pierre 2017 [2008]: Die Gegen-Demokratie. Politik im Zeitalter des Misstrauens. Hamburg: Hamburger Edition.

Rose, Richard 1994: Rethinking Civil Society. Postcommunism and the Problem of Trust, in: Journal of Democracy 5. 3, 18–30.

Sebastian, Shevlin 2014: ›Kochi is full of multiple communities‹, in: The new Indian Express, 2. August. ‹https://www.newindianexpress.com/cities/kochi/2014/aug/02/'Kochi-is-full-of-multiple-communities'-642799.html›.

Sztompka, Piotr 1998: The Cultural Imponderables of Rapid Social Change. Trust, Loyalty, Solidarity, in: Polish Sociological Review 121. 1, 45–56.

Warren, Mark E. (Hg.) 1999: Democracy & Trust. Cambridge: Cambridge University Press.

독재와 민주주의에서의 불신

우테 프레베르트

한나 아렌트(Hannah Arendt)의 테제에 따르면—독일 나치즘과 스탈린의 소련을 포함한—전체주의 정권은 "보편적 의심(Verdächtigkeit)"과 "보편적 불신(Mißtrauen)"의 원칙에 기초한다(Arendt 1986 [1951]: 665). 반면 정치학자들이 주장하듯이 민주주의 국가는 조직화된 형태의 불신이 그 구조와 과정에 깊이 내재되어 있다 하더라도 상호 신뢰의 원칙을 염두에 두고 있다.[1]

이하에서는 역사적 자료를 바탕으로 두 테제를—보다 철저하고 풍부한 역사적 논평을 할 만하긴 하지만 간략하고 개략적으로—논의하고 검토한다. 불신과 신뢰는 역사적으로 배태된 범주이기 때문에 보다 철저하고 풍부한 역사적 논평도 필요할 것이다. 거의 모든 사회적·정치적 언어의 개념들과 마찬가지로 불신과 신뢰의 경우에도 그 의미, 기

---

1 Warren (1999); Hartmann und Offe (2001). 로장발롱(Rosanvallon 2017 [2008])은 시민 쪽에서의 "신뢰와 불신의 이원론"에 대해 말하며 무엇보다도 감시, 저지, 판결 등 다양한 유형의 "민주적 불신"을 부각시킨다.

능, 한계는 이전의 경험과 그로부터 파생된 기대 및 관행(Praktiken)이 내재된 역사적 의미론 없이는 규명될 수 없다.

한나 아렌트와 전체주의 체제의 "보편적 불신"

한나 아렌트는 "제3제국"이 종언한 지 6년 후이자 스탈린주의가 여전히 존재하던 시점에 어떻게 그것들이 의심과 불신에 기초한다는 것을 알 수 있었을까? 1951년 그는 "전체주의의 관점에서는 인간이 생각할 수 있다는 사실 자체가 의심을" 불러일으킨다고 썼다. 그에 따르면, 이러한 의심은 사회 구성원 전체에 퍼져 있고 "모든 인간관계를" 갉아먹는다. 모두가 "이웃의 경찰 요원"인 것이다. 이러한 불신과 "상호 의심"의 문화는 "비밀경찰의 특수 임무와 완전히 무관"하다. 오히려 그것은 안정된 "사회 공동체"가 해체되는 상황에서 신뢰 능력까지 상실했을 현대 "대중적 인간"의 고립화와 원자화에 기반을 두고 있다고 한다(Arendt 1986 [1951]: 631, 555, 561).

　이러한 관찰에는 진실과 거짓이 담겨 있다. 한나 아렌트는 뛰어난 독창적 사상가이면서 또한 그 시대와 사회 환경에서 살아간 한 사람이다. 공산주의 지식인들을 예외로 하면, 1920년대 이후에 "대중"을 박하게 평가하고 "대중화"를 한탄하는 것이 좋은 태도로 여겨졌었다. 어떤 이들은 이를 개성과 자율성의 상실로, 또 다른 어떤 이들은 이를 합리성 또는—아렌트의 표현을 빌리자면—"상식(gesundes Menschenverstand)"(Arendt 1986 [1951]: 561)의 상실로 보았다. 1929년 출간되고 곧바로 독일어와 영어로 번역된 저서 『대중의 반역』에서 스페인의 호세 오르테가 이 가세트(José Ortega y Gasset)는 대중이 엘리트의 지배로부터 해방

되고 대중의 취향과 가치지향이 소수 교양 시민의 희생 위에서 관철되는 것을 비난한 바 있다. 아돌프 히틀러(Adolf Hitler)의 독일 총리 임명 며칠 후인 1933년 2월 자유주의자인 마르부르크 대학의 경제학 교수 빌헬름 뢰프케(Wilhelm Röpke)는 "무자비하게 권력으로 몰려드는 대중"에 의한 "시대전환"을 경고하면서 오르테가의 분석에 크게 동의했었다 (Röpke 1962 [1933]).[2]

하지만 역사학적 관점에서 나치즘을 고립되고 원자화된, 어떤 사회적 유대도 없는 "대중"의 운동으로 보기는 어려울 것이다. (이미 제1차 세계대전에서 퍼져 나간) "민족 공동체(Volksgemeinschaft)"의 이상이 크고 널리 빛을 발하고 있었음에도 불구하고 계급, 직장, 거주지, 종교, 세계관에 따른 사회 구조화는 여전히 지속되고 있었다.[3] 이런 구조들 속에서 형성된 신뢰 관계가 약하지도 않았다. 아렌트가 "대중"에게서 발견할 수 있다고 생각했던 그러한 정신적·육체적 고향상실(Heimatlosigkeit)은 이야기될 수 없었다.

물론—이 점에서는 아렌트가 옳다고 인정할 수 있는데—이 전승된 (tradiert) 고향들은 1933년에 새롭게 주어진 질서에 순응하고 종속되어야 했다. 정권은 반체제 인사를 굴복시키고 "인민의 적"을 잡아들이기 위해 애초부터 자의적 테러를 가했기 때문에 [정권과] 공개적으로 갈등할 위험을 무릅쓴다는 것은 목숨을 거는 일이었다. 게다가 정권은—폭력을 가할 뿐만 아니라—국민을 감시하고 정치적 반대자를 염탐하는 임무까지 수행하는 비밀·치안경찰 조직을 구축했었다. 이를 위해

---

2 대중의 개념과 관련해서는 Nolte (2000: 111 이하, 118-127); Middendorf (2013)를 참조하라.
3 이와 관련해서는 특히 Michael Wildt (2014) 또는 (2022), 본고에서는 7장을 참조하라.

본청 직원, 그리고 회사, 관청, 주거지, 심지어 휴가용 배에서도 제보를 하는 정보제공자와 "신뢰정보원" 등 적절한 인력이 채용되었다.

그럼에도 불구하고 비밀국가경찰과 친위대 보안국이 국민을 빈틈없이 관찰하고 의심했다고 보는 것은 적절치 않다. 비밀국가경찰과 친위대 보안국의 인력은 이를 감당하기에 너무 적었다. 관료가 "일군(一群)"의 요원과 정보제공자를 마음대로 활용할 수 있다는 생각은 그 자체로 권력의 날조된 환상이다(Gellately 1993). 그 대신 존재했던 것은 일군의 자발적 밀고자였다(Diewald-Kerkmann 1995). 이들은 전체주의 독재 사회에서의 불신 구조와 불신 관행을 분석하는 데 있어 핵심적인 이들이다.

나치즘에서의 밀고와 불신

밀고(Denunziationen)에 관한 경험적 연구를 수행한 역사학자들은 밀고를 "나치 시대의 대중적 현상"(Diewald-Kerkmann 1995: 20)이라고 말하며 그것이 "고도로"(Mallmann und Paul 1991: 424) 이루어졌다는 데에 놀라움을 표한다. 이들의 판단에 따르면, 상당히 많은 "민족 동지들(Volks-genossen)"이 비밀국가경찰에 협력하고 이웃, 직장동료, 친척의 비순응적 행동에 대한 단서를 제공하는 데 너무나도 준비되어 있었다. 복수에 대한 사적 욕망이나 시기심도 동기를 부여했다. 게다가 "민족 공동체"를 그 이익과 가치에 반하는 행동을 하는 이들로부터 보호함으로써 옳은 일을 한다는 의식도 생겨났다. 이러한 행동에는 유대인, 전쟁 포로, 강제노역자를 호의적으로 대하는 것뿐만 아니라 정권에 대한 비판, "불평", "투덜거림"도 포함되어 있었다.

밀고한 이들은 공식 성명을 통해 이러한 태도가 올바른 것이라고 느낄 수 있었다. 1939년 [나치 독일의] 법무부장관은 "제국과 국가에 대한 적대 행위에 맞서 제국의, 그리고 단결된 전투적인 민족 공동체의 내부 안보에 적극적으로 협력할 도덕적 의무"가 모든 민족 동지들에게 존재한다고 적었다(Diewald-Kerkmann 1995: 21). 이미 1934년 "선동행위 처벌법(Heimtückegesetz)"과 함께 적대 행위의 범위는 크게 확장되어 정치적 농담에까지 이르렀다. 전쟁이 시작될 무렵에는 있을 법한 "위법 행위"에 대한 신고를 공식적이고 법문화된 의무로 만들어야 한다는 목소리가 커져 갔다. 하지만 반론도 만만치 않았다. 당국은 안 그래도 이미 뚜렷이 생겨난 불신이 더 널리 퍼져 국민을 불안하게 만들 수 있다고 우려했다. 신고 의무는 자칫 그것이 목적한 바와 반대되는 효과를 가져와 사회적 신뢰의 약화를 촉진시킬 수 있다는 것이다.

독일 국방군 최고사령부는 특히 심각한 우려를 표명했다. 전투 부대의 군인들이 서로 염탐하고 신고한다는 것은 군대의 명예와 전우애라는 관념에 전적으로 위배된다. 유보적으로 봐도 군 기강을 해치고 전장 분위기에 악영향을 미칠 것이다. 군에서는 모두 서로를 믿을 수 있어야 했고 누구든 타인에 의존적이었다. 개인적 적대감은 집단을 안정되게 만드는 전우애적 행동에 대한 기대보다 뒷전으로 밀려나야 했다. "좋은 전우"에게 "무언(無言)의 전우애"는 상대적으로 안전함을 느낄 수 있게 해주는 것이었고, 역사학자 토마스 퀴네(Thomas Kühne)의 표현처럼 "테러리즘 정권의 불안전"에 대한 은신처와 보호막이었다. 그렇지만 [군대에서도] 주의(注意)와 불신은 적법했다. "국방력 손상(Wehrkraftzersetzung)"을 이유로 진행된 수많은 소송절차가 이를 입증한다. 1939년 도입된 "전시특별형법"은 병역 기피와 지혜뿐만 아니라 패배주의적 표현까지도 사형으로 다스렸다. 이는 그대로 밀고를 조장했고, 군대의 전통적 자아상에 어울리지 않게 전우들 사이에서도 불신의 분위기를 불러일으켰다(Kühne 2006: 113 – 124).

전우를 군 사법부에 넘긴 밀고자는 [군대에서도] 불신(과 시기)가 있었음을 입증한다. 밀고자는 "위대한 "민족 전우애"의 선구자"임을 보여주고자 신뢰라는 군대 전우애의 불문율을 깼다. 나치당과 나치 친위대의 일원인 법학 교수 헤르베르트 크뤼거(Herbert Krüger)가 1940년 하이델베르크 대학의 입학식 연설에서 말했듯이, 민족 전우애 역시 신뢰에 기반을 둔 것이었다. 하지만 이러한 신뢰는 수평적으로 구조화된 소규모 영역에서의 상호 신뢰가 아니라 "민족 공동체의 본질", 즉 "국민(Volk)이 총통(Führer)에 대해 갖는 무한한 신뢰"(Krüger 1940: 13 이하)였다.

하지만 그것이 과연 신뢰일까? 이미 "무한한" 신뢰라는 말만으로도 의구심이 생겨난다. 왜냐하면 신뢰에는 한계가 있고 한계가 설정되어 있기 때문이다. 신뢰가 무조건적이고 무한한 경우는 거의 없다. 모든 것과 모든 사람을 신뢰하는 인간에게는 대개 부정적 의미가 담긴 "맹신적(vertrauensselig)"이라는 형용사가 붙는다. 마찬가지로 평가 절하하듯이 "맹목적(blind)" 신뢰에 대해 말하기도 한다. 크뤼거식의 무한한 신뢰는 신앙(Glaube)의 방향으로 나아간다. 많은 "민족 동지"가 종교의 언어들에서 이 개념을 끄집어내어 "총통"과의 관계를 묘사한 것은 우연이 아니다(Klemperer 1982 [1946]: 117 – 127).

또한 크뤼거가 염두에 두고 있었던 것은 신뢰보다는 신의(Treu)에 가까웠다. 가신들은 왕에게 신의를 보이며 "죽을 때까지" 헌신하였고 수공업 장인은 도제들의 신의에 의지하였다는 식의 중세 이야기가 전해주듯이, 신의는 동등하지 않은 이들 간의 평생의 유대를 나타낸다. 나치 친위대는 히틀러에게 "신의와 용기"를 맹세했고, 이들의 허리띠에는

"신의가 나의 명예다"라는 말이 새겨져 있었다. 신의를 저버린 자는—나치가 가장 좋아하는 또 다른 단어인—배신(Verrat)을 저지른 것이다. 국외 라디오 방송을 듣거나 총통 암살을 계획한 자만 배신자가 아니다. 유대인과의 기본적 연대를 고수하는 이들 역시 "민족과 국가의 배신자"로 낙인찍혔다. "민족과 총통에 대해 신의"를 가져야 한다는 보편적 "의무"는 "민족의 배신자"와 "민족의 해충"을 즉시 당국에 신고할 것을 요구했다(Diewald-Kerkmann 1995: 21, 178).[4]

아렌트가 생각했던 것과 달리 의심과 불신의 분위기를 조성하고 키운 것은 정권의 비밀정보기관이 아니다. 오히려 그것은 수많은 사람들이 기꺼이 다른 시민을 밀고하여 법의 처벌을 받도록 하려고 했기 때문에 가능했다. 정권 스스로도 이러한 밀고 의욕의 정도에 놀라 한계를 설정하고자 했다. 개인적 이유로 경솔하고 부당하게 누군가를 신고한 자는 처벌받을 수 있었다. 하지만 자발적 밀고가 없었다면 비밀국가경찰이 정치·사회적으로 비순응적인 "민족 동지"에 관한 정보를 얻고 이들을 추적하는 것은 분명 훨씬 더 어려웠을 것이다(Gellately 1993: 154-174).

일선에 있는 사람들에게 이것은 어떤 의미였을까? 전승된—직장과 이웃에, 그리고 친척과 친구 사이에 있는—사회구조들과 그 안에 깃든 신뢰는 얼마나 감당 가능했을까? 지방·지역연구에 따르면, 밀고 경향은 점차 강해져 1935/36년에 일차 정점에 도달했고 뒤이어 독일군의 전세가 바뀐 1943/44년에 이차 정점에 도달했다. 게다가 시민사회에서 밀고는 군대에서와 마찬가지로 특히 아래에서 위로 이루어졌다. 누구도 더 안전하다고 느낄 수 없었다—어떤 다툼이나 동료의 어떤 질책이

---

4 나치즘의 신의(의무)와 관련해서는 Frevert (2013: 188-190; 2020b: 385-387); Gross (2008)를 참조하라.

든 밀고로 이어질 수 있었다. 사회 전반에 퍼져 있는 불신으로부터 상대적으로 안정된 피난처는 가족뿐이었다.[5]

정권이 비판과 저항을 짐작한 저항 진영과 정치 환경은 특히 큰 타격을 입었다. [이곳에도] 다른 사람을 밀고하는 데 주저함이 없는 사람들이 항상 충분히 있었다. 심지어 사회주의와 공산주의가 강한 노동자 지구에서도 의심과 밀고가 쏟아졌었다(Peukert 1980: 121; Mallmann und Paul 1991: 229-234, 424). 게다가 비밀국가경찰청은 이 지구에 어떤 목적을 가지고―경찰의 보복 조치나 강제수용소 구금에서의 특혜를 통해 순종하도록 만든 "전향한" 공산당원과 사민당원을 자주 활용하여―정보제공자와 신뢰정보원을 심어 놓기도 했다(Hetzer 1981: 171).

공산당에서의 불신

불법 정당조직들은 위험을 알고 있었기 때문에 스스로를 보호하고자 모든 것을 했다. 암호화된 정보체계를 고안하고 내부자의 범위를 가능한 한 작게 유지했으며 명확한 이름 없이 활동했다. 감시받는 모든 집단에서처럼 불법 정당조직의 구성원들은 신뢰로 이어진 연결고리를 짧게 하고 주기적으로 그것을 재정비했다.[6] 너무 많은 것을 알고 있으면서 부적절한 사람에게 일을 맡긴 자는 자신의 생명뿐만 아니라 다른 사람의 생명까지 위험에 빠뜨리고 집단의 존립을 위태롭게 했다. 이런 배

---

5 수많은 예는 Diewald-Kerkmann (1995: 62-83, 123-131, 반면 흔치 않은 가족 내에서의 신고에 관해서는 144 이하)과 Kühne (2000: 122 이하)에서 볼 수 있다.

6 20세기 초 반제국주의적 저항집단에서 볼 수 있는 유사한 구조들과 관련해서는 Daniel Brückenhaus (2010)과 (2017)을 참조하라.

경에서 불신은 생존을 위한 자원이었고, 신뢰는 사치였다.

불법으로 규정되어 추적을 받은 정당이나 조직에 속해 본 사람이라면 누구나 이를 알고 있었다. 위르겐 쿠친스키(Jürgen Kuczynski, 1904-1997)는 이에 관해 한 대목을 들려줄 수 있다. 1930년 독일 공산당에 입당한 그에게 이미 바이마르 시대에 조장된 당내의 불신 분위기는 낯설지 않았다. 당이 스탈린화 되면서 계파 싸움은 더 격렬해졌고 "올바른" 노선의 이탈자와 배신자에 대한 공격은 더해갔다. 나치가 권력을 넘겨받은 후 금지되고 무자비한 탄압을 받은 공산당은 일부는 독일에서, 일부는 국외에서 활동하는 지하조직을 구축했다. 모든 구성원이 고도의 위험에 처해 있었고 지속적으로 내외부로부터 위협 받는 행위구조 속에서 움직였다. 1933년부터 불법적으로 당을 위해 일한 젊은 쿠친스키는 이러한 위험에도 불구하고, 아니 바로 그 위험 때문에 크게 신뢰받고 있음을 느꼈다. 당 지도부는 분명 그를 꽤 신뢰하고 있었다. 하지만 쿠친스키는 누군가가 자신의 "당에 대한 신의"에 의구심을 표명하면 당의 신뢰는 언제든 바로 거두어들여질 수 있다는 것도 알고 있었다(Frevert 2021).

불신 분위기로 인해 쿠친스키는 이민을 나가게 됐다. 1936년부터 1945년까지 런던에 망명하면서 그는 도처에서 불신 분위기를 맞닥뜨리게 된다. 독일 동지들 사이에서처럼 영국 공산당에서도 그러했고, 같이 억류된 다양한 정치적 신념을 가진 독일인들 사이에서처럼 (1940년대 초 그를 적국민[敵國民]으로 억류한) 영국 사회에서도 그러했다. 쿠친스키는 불법의 세월이 "우리를 더 나은 동지, 더 나은 진보의 투사로 만든" 것 같다고 회고하면서도 "사랑할 만한 사람으로 만들지는 못한 것 같다"는 자기 비판적인 말을 덧붙였다. "우리는 일상에서 불신하게 되었고, 그만큼 더 세상의 위대한 발걸음, 인류의 길, 미래, 청춘, 선하고 아름다운 것의 승리를 신뢰하게 되었다."(Kuczynski 1973: 220, 270 이하).[7]

쿠친스키가 공산주의적 이상에 관해 말할 때 신뢰가 그가 생각하는 바를 제대로 나타내는 단어인지는 의문이다. 많은 당원 동지들처럼 그에게 중요한 것은 [신뢰보다는] 평생 동안 고수한 신조였다. 눈을 찡긋 했지만 원칙적으로는 동의하면서 "200년 일찍 태어났다면 당신은 가톨릭 교회의 가장 신의 있는 아들 중 하나가 되었을 거예요."라는 아내의 말을 인용했을 때 그 스스로도 이를 시사하고 있었다. 중요한 것은 바로 그것, 즉 당에 대한 신의와 이 신의가 보장한 역사와 "세상에서의 확고한 자리"였다(Kuczynski 1973: 242, 198).

쿠친스키는 당이 정기적으로 신의를 의심하고 당원들에게 배신의 혐의를 품는 것을 불가피한 예방 조치로 받아들였다. 쿠친스키는—모든 서독 출신 이민자처럼—동독에서 불신에 맞닥뜨리며 어려운 삶을 살았는데, 이렇게 불신에 시달렸음에도 불구하고 그 때문에 당 노선에 혼란을 느끼지는 않았다. 그는 유대인 부모에 의해 개신교 세례를 받고 입교식을 치렀는데, 소련 군정이 이런 그를 "유대인"이라서 신뢰할 만하지 않다고 보고 1948년 독소친선회장직에서 해임했다는 데에 심한 모욕감을 느끼긴 했다. 하지만 곧 그는 독일 공산주의자들에게는 반유대주의가 조금도 없다는 것으로 자신을 위로했다. 그는 거듭해서 겸허하게 충성을 표명하고자 애썼고 당내에서 벌어지는 "마녀사냥"과 밀고에서 생겨나는 주기적인 불신을 떨쳐내려고 했다. 선행된 순종 속에서 그는 연구를 목적으로 그에게 연락을 취한 서독 역사학자들에 관한 정

---

7 신뢰에 관한 Danzer (2012)와 Häberlen (2013)의 연구도 참조하라.

보를 제공하고 그들과의 만남을 거부하기도 했다. 1950년대에 국가안전부가 그에게 "작전을 꾸미고" 전화를 도청하며 편지를 열어 복사하고 가정부를 정보제공자로 꾀어내었다는 것을 잘 알고 있으면서도 그는 의혹을 불식시키고 신의 있는 당의 군인임을 보여주고자 모든 것을 했다. 왜냐하면 그가 1951년에 기록했듯이, 당은 "동지의 삶에서 유일한, 그리고 모든 것"이기 때문이다(Kuczynski 1983: 51 이하; 1992: 47 이하, 70).

독일민주공화국에서의 불신

SED(사회주의통일당)는 불신을—반드시 그것을 믿은 것은 아니지만— 즐겨 들었다. 이 당은 1950년 설립된 국가보안부(Ministerium für Staats-sicherheit [약칭 슈타지])가 행한 수사와 조사에 의존하는 것을 선호했다. 1989년 당시 본청 직원 및 비공식 직원을 포함하여 20만에서 30만 명에 달하고 주로 남성인 국가보안부 직원들이 1640만 명의 인구에 분포되어 있었는데, 이는—역사학자 옌스 기제케(Jens Gieseke)의 계산에 따르면—"아마도 역사상 가장 큰 비밀경찰·비밀정보기관"(Gieseke 2000: 538)이었을 것이다.

독일민주공화국[동독]은 왜 그러한 대규모 감시경찰을 필요로 했을까? 1950년 빌헬름 피크(Wilhelm Pieck) 대통령은 "혁명적 경계심"을 높여 "부르주아적-민족주의적 요소, 그리고—어떤 깃발 아래서 항해를 하든—노동계급의 다른 모든 적들과 제국주의의 대리인들의 가면을 벗기고 그깃들을 박멸하려는" 임무로 그 필요성을 정당화했다. SED 당원뿐만 아니라 "광범위한 대중"도 "끊임없는 경계심"을 발휘하여 "해충의 가면을 벗기는 데" 기여해야 했을 것이다. 하지만 "인민 대중" 자체도 제한적으로만 신뢰할 수 있고 1945년에 하룻밤도 지나지 않아 히틀러 추종자에서 열렬한 반파시스트로 변모했다는 것을 피크와 그의 동지들은 너무나 잘 알고 있었다. 더욱 중요한 것은 "국가기관의 활동"이 그럼에도 불구하고 "가장 광범위한 인민 대중에 의존해야 한다"는 것이었다(Judt 1998: 487).

1950년대의 선전 활동은 불신에 의해 추동된 협력이 어떻게 형상화되는지를 보여준다. "경계하십시오! 스파이, 방해꾼, 첩보요원의 공격으로부터 우리 독일민주공화국의 업적을 보호하십시오."는 1952년 "작센주 정보국"이 담당한 벽보에 적힌 문구였다. 1959년의 "철도원 여러분, 경계하십시오."라는 요청은 보다 직업에 특화되어 있다. 이 벽보는 동베를린 교통부의 의뢰로 요헨 뤼케(Jochen Lüke)가 만들었고 철도청 직원을 대상으로 한 것이었다. 뤼케는 그림의 오른쪽에 "해충"을 쥐로 표현해 넣었다. 쥐들은 왼쪽에서 오른쪽으로, 서쪽에서 동쪽으로 휙 움직였다. 쥐 한 마리는 군국주의, 보수주의, 민족주의의 상징인 검은색, 흰색, 빨간색으로 된 철 십자가 목걸이를 하고 있었다. 다른 쥐들은 배에 하켄크로이츠(Hakenkreuz) 완장을 차거나 머리에 나토(NATO) 헬멧을 쓰고 있었다. 몇몇 쥐들에는 나치 친위대의 문양이나 달러 기호, 또는 서독 언론사의 필적이 그려져 있었다. 철도원들은 국경을 넘는 운행에서 그러한 "해충"을 조심하고 당국에 신고해야 했다.[8]

하지만 슈타지가 주민들의 밀고에만 의존했던 것은 아니다. 특히 1970년대부터 슈타지는 정권에 대한 적대적 태도와 행위를 색출하여 "분쇄"하는 임무를 수행할 수십만 명의 비공식 직원을 모집했었다. 이

8 〈https://www.hdg.de/lemo/bestand/objekt/plakat-seid-wachsam.html〉와 Heather (2014: 97)을 참조하라.

는—사적 관계의 목적 있는 활용을 통한—"적대적-부정적 세력의 분열, 마비, 와해, 고립화"를 의미했다. 이는 작전 대상의 직접적인 주변 환경에서 온 경우가 많은 비공식 직원의 일이었다(Suckut 1996: 422).

동독 시민들은 슈타지가 도처에서 의심의 눈초리를 보내고 있음을 어렴풋이 느끼고 있었다. 동베를린의 한 SED 당원은 에리히 호네커(Erich Honecker)에게 편지를 보내 "시민에 대한 당 지도부의 만성적 불신"에 대해 불평했다. 한쪽에서는 "계속해서 신뢰 증진에 관해 이야기하면서도", 다른 한쪽에서는 "공화국 탈출에 대한 우려 때문에" 동독 시민에게 서방이나 유고슬라비아로의 여행도 허용하지 않는다고 썼다. 양쪽이 서로 어울리지 않는다는 말이다. 이름을 밝히려고 하지 않았다는 데서 드러나듯이 이 당원조차도 국가와 당을 신뢰하지 않았다. 1989년 3월 SED 중앙위원회에 등을 돌린 카를마르크스시(켐니츠) 출신의 시민들도 마찬가지였다.

> [중앙위원회가] 인민(Volk)을 신뢰하고 [그들] 내부의 안전을 덜 중요하게 여길 용기를 가지고 있다면, 수십만 명의 시민을 당·국가 기구와 비대해진 농장으로부터 자유롭게 하고 이들을 재교육하여 건설, 생산, 서비스 부문, 요식업 등등에 투입할 것이다.(Suckut 2016: 219, 423)

"슈타지를 생산 쪽으로", 이 문구는 1989년 11월 4일 베를린 알렉산더 광장에서 열린 대규모 시위에서 시위대가 들고 있던 많은 현수막에서도 볼 수 있었다. 하지만 불신, 감시, "분쇄"의 전체 규모는 슈타지 문서가 공개된 1990년 이후에야 비로소 밝혀졌다.

자유민주주의에서의 불신

독일연방공화국[서독]에는 국가보안부가 없었다. 하지만 역시 1950년에 설립되어 자유민주적 기본질서에 반하는 시도를 찾아내고 스파이 행위를 방지하는 임무를 맡은 연방헌법수호청(Ministerium für Verfassungsschutz)이 있었다. 슈타지에 비해 직원 수는 미미했다. 그리고 슈타지와 달리 개별 시민이 아닌 민주주의를 위협하는 조직에 주안점을 두고 있었다. 물론 그렇다고 해서 연방헌법수호청 사람들이 항상 흠잡을 데 없는 민주주의자였다는 말은 아니다. 나치즘과의 고도의 인적 연속성, 그리고 1950년대 이후 수많은 스캔들이 이를 반증한다. 그럼에도 불구하고 (해외를 담당하는 연방정보국과 함께) 이 기관을 심연에 자리 잡고 널리 퍼진 국가적 불신의 표출로 인식하는 것은 역사적으로 맞지 않을 것이다(Goschler und Wala 2015; Murswiek 2020).

초기 독일연방공화국이 우파나 좌파 쪽에서 자신에 대항하는 정당과 결사체를 불신했음은 분명하다. 이는 "방어 능력을 갖춘(wehrhaft) 민주주의"라는 말을 사용하며 이루어졌고 방어 능력이 부족했던 바이마르 공화국에 대한 기억으로 지속되었다. 신생국인 독일연방공화국의 정치인들도 국민(Staatsvolk)이 타고난 민주주의자가 아니라는 것을 당연히 알고 있었다—건국자와 최고 대표자들은 이 점을 바이마르 민주주의에서 "학습한 바" 있다. 물론 그렇다고 해서 모든 시민이 보편적으로 의심을 받았던 것은 아니다. 독일민주공화국에서와 달리 시민들에게 대단한 열성이나 끊임없는 충성 표명을 기대했던 것은 아니었다. 사람들은 자발적 참여에 의존했고—희망컨대—중기적으로 민주주의적 신뢰를 안정시키는 데 기여할 제도와 절차의 발전에 만족했다.

민주주의적 헌법을 작성하는 것이 가장 중요한 임무였던 바이마르 국회에서 이미 신뢰와 불신의 관계에 관한 심도 있는 논의가 있었다. 민주주의가 시민의 신뢰를 기반으로 해야 한다는 것은 국가도 시민을 신뢰하고 시민에게 광범위한 권리를 부여해야 한다는 주장만큼이나 분명했다. 국가의 이러한 신뢰는 1919년 헌법이 명시적으로 국민투표적 요소를 받아들이고 투표권 있는 사람들에게 의회 및 대통령 선거의 참여를 넘어 직접적으로 정치에 개입할 수 있는 권리를 내주는 데까지 나아갔다. 의회는 정부에 대한 광범위한 감독권을 요구했다. 이 점에서 자유주의적 헌법학자이자 바이마르 제국헌법의 창시자 중 한 명인 후고 프로이스(Hugo Preuß)는 심지어 국민(Volk) 가운데서 나와 의회의 인준까지 받은 이들에 대한—"모든 정부와 모든 통치자에 대한"—"불신의 제도들(Einrichtungen)"을 보았다. 프로이스에 따르면, 이러한 불신은 제국의회가 황제가 임명한 정부에 거의 영향을 미칠 수 없었던 "과거의 쓰라린 경험"에 근거한다. 그는 시간이 흐르면서 이러한 불신이 "사라지기를" 바랐다(Preuß 2008 [1919]: 91).

그럼에도 불구하고 헌법은 소위 불신임투표(Misstrauensvotum)를 통해 선출된 정부와 개별 장관을 해임할 수 있는 권한을 의회에 부여했다. 1932년까지 제국의회에 170건의 불신임안이 상정되었는데, 이 중 77건은 공산당, 35건은 나치당에 의한 것이었다. 정반대의 강령을 가지고 있는 정당들이 불신임투표에서 손을 잡는 일이 드물지 않았다. 그 결과 새로운 선거들이 치러졌다. 정상적인 의회 임기가 4년이었음에도 불구하고 1920년과 1932년 사이에 총 8번의 제국의회 선거가 있었다.

이로부터 독일연방공화국 기본법의 창시자들은 불신임투표를 계속 허용하되 건설적 성과를 얻을 수 있도록 해야 한다는 결과를 도출했다.

정부에 불신임을 표명한 정당들은 과반수를 확보할 수 있는 대안에 합의해야 했다. 다른 요인도 있었겠지만 그 덕분에 독일 연방의회에서의 불신임투표는 (지금까지) 단 두 번뿐이었다.

[독일연방공화국이 건립되던] 1948/49년에 국민투표 형태의 직접민주주의는 모방할 가치가 없는 것으로 여겨졌었다는 것은 바이마르의 경험에서 얻은 또 다른 교훈이었다. 1930년대와 1940년대의 사건들에서 알 수 있듯 국민은 오도될 수 있고 권위에 맹종하기 때문에, 국민이 정부 일에 직접 개입하는 것은 허용되지 않았다. 하지만 국민에게는 불신하고 대표자의 행위를 비판할 권리가 있다. 이런 의미에서 1995년 사민당 국회의원 자네테 볼프(Jeanette Wolff)는 불신은 "민주주의자의 첫째 덕목"(Stenographische Berichte 1955. 9. 30: 5758)이라고 말했다. 연방대통령 테오도르 호이스(Theodor Heuss)는 이를 과하게 받아들여 그러한 불신을 "태도와 성과, 그리고 자유로운 책임으로 무력화하거나 극복하자"(Heuss 1954 [1949]: 7 이하)고 국회의원들에게 호소했다. 1959년 사민당 정치인 아돌프 아른트(Adolf Arndt)가 강조한 것처럼, 이미 권력분립과 권력억제의 원칙 그 자체에 "경험상 알고 있듯 그 권한을 넘어 시민에게 해를 끼치는 경향이 있는 국가기관에 대한 민주주의적 불신"(Arndt 1959: 533)이 구현되어 있다.

권력남용에 대한 불신은 한편으로는 제도화되고 다른 한편으로는 경계지어졌다. 두 측면 모두 일단 신뢰를 가능케 하는 데 기여했다. 시민이 4년마다 투표를 통해 새롭게 특정 정책에 대한 찬반을 결정할 수 있다는 상황만으로도 시민들은 선출된 사람을—하지만 제한된 기간 동안만 조건적으로—신뢰할 수 있었다.

그렇다고 해도 나치 통치기에 자주 확대된 국가에 대한 불신이 [그 이후로도] 지속되었음이 1983년 계획된 인구조사에 대한—특히 좌파-대안 진영과 자유주의 진영에서의—강력한 저항에서 드러난다.[9] 1919년 프로이스가 목도했던 것과 유사하게 이는 "오래된" 불신에 따른 것일 수 있다. 프랑스 역사학자이자 정치학자인 피에르 로장발롱 (Pierre Rosanvallon)이 현대 민주주의 국가들에서 진단한 것과 같은 "새로운" 불신이 이 저항에서 나타났는지는 확실하지 않다. 로장발롱은 현 민주주의 체계가 제 기능을 하고 있는지에 대한 "일반적인 신뢰 상실" 이 있다는 데서 출발하여 "증대하는 불신 반응"을 기록하고 "불신사회 의 시작"에 관해 말한다(특히 Rosanvallon 2017 [2008]: 15). 하지만 독일연방공화국의 경우 이는 조건적으로만 설득력이 있다.

독일연방공화국이 쌓은 신뢰의 건축물은 수년, 그리고 수십 년을 거치면서 상대적으로 감당 가능한 것으로 입증되었다. 국가는 시민의 비판을 진지하게 받아들이고 국가의 절차를 그에 맞출 것을 배웠다. 예컨대 1987년 인구조사에서는 인구의 99퍼센트가 참여했다. 물론 국가가 실패한 사례들도 있다. 2000년과 2007년 사이에 벌어진 나치지하운동 (NSU) 살인 사건과 같은 극우주의적 범죄를 밝혀내는 데 있어 특히 그러했다. 이러한 사례들로 인해 경찰이나 헌법수호청에 대한 신뢰는 특히 인종 차별을 경험한 사람들에게서, 그러나 이들에 한정되지 않고 상당히 손상되었다. 하지만 다른 기관들은—행정소송의 합헌성을 감독하고 모든 시민에 의해 항소가 제기될 수 있는 연방헌법재판소가 특히— 구조적 불신이라는 표현으로 가장 높은 수준에서 시민의 신뢰를 누리고 있다. 연방헌법재판소는 기관 신뢰의 정도에 대한 설문에서 언제나

9 〈https://www.bpb.de/kurz-knapp/hintergrund-aktuell/248750/vor-30-jahren-protest-ge-gen-volkszaehlung/〉을 참조하라.

최고값을 얻는다(Vorländer und Brodocz 2006).

그렇다면 시민들 간의 신뢰는 어떠할까? 의회 대표들에 의해 선출되고 감독 받는 정부가 있고 사회와 미디어에 의해 감독 받으며 제 기능을 하는 기관들에 둘러싸여 있기 때문에, 시민들 간의 신뢰는 기대대로 강해야 할 것이다.[10] 사람들 대부분은 공동체의 (합리적) 규칙을 따른다. [독일연방공화국에서는] "제3제국"에서와 같은 밀고에 대한 요구가 거의 없다. 정부를 대신하여 부분적으로 자발적이고, 부분적으로 강제적으로 서로를 염탐하고자 하는 많은 독일민주공화국 사람들의 의지도 거의 볼 수 없다. 이는 상호 신뢰가 진정한 기회를 얻을 수 있는 분위기를 조성한다.

불신의 역설

하지만 이런 [상호신뢰의] 분위기는 자명하지도 영원하지도 않다. 그것은 정치적 스펙트럼의 극단적 주변부뿐만 아니라 자유주의적 "중도"까지 파고든 공격적인 양극화로 인해 위협받고 있다. 민주주의적-다원주의적 사회에 꼭 필요하고 자연스러운 의견 차가 근본주의의 틀에 끼워지고 적대적으로 부추겨질 때 이런 분위기는 압박 받는다. 또한 정치와 행정이 국민들에게 "경계심"을 요구하고 규칙 위반 및 기타 범행과 싸우는 데 적극 협조할 것을 단언할 때에도 훼손된다.

---

10 이런 연관성은, 시민으로부터의 부족한 신뢰와 국가에 대한 불신은 긍정적인 상관관계에 있지만("www.worldvaluessurvey.org") 지난 수년 동안 충성스런 시민에서 (국가에 대해) 자의식이 있는 시민으로의 발전도 있었음을 규명한 세계가치조사(World Value Survey)와 같은 국제연구에 의해 경험적으로 확인되었다. 관련해서는 Dalton und Welzel (2014)을 참조하라.

2020년 이후 특히 코로나 위기는 신뢰에 기초한 사회적 평화가 자유민주주의에서도 얼마나 취약한지를 보여주었다. 건강이 긴급히 위협받는다는 느낌 속에서 불신은 커져 갔고, 많은 시민이 거리두기와 마스크 착용이라는 새로운 규칙을 지키지 않는 사람들을 고발했다. 개별 주(州)들은 봉쇄령을 내리고 "내지인"만 들어올 수 있도록 했다. 외부인은 현지인에게 위험하므로 환영받지 못한다는 몹시 거친 말을 들었다(Frevert 2020a). 몇몇 도시는 코로나 규칙 위반을 익명 또는 실명으로 신고할 수 있는 양식이 있는 온라인 포털을 개설했다. 이 도시들은 어차피 질서행정청으로 대량의 전화 및 이메일 신고가 들어온다는 말로 밀고를 조장한다는 비판을 받아넘겼다. 온라인 양식은 정보의 흐름을 돌려놓을 뿐이라는 것이다.[11]

그와 같은 과도한 시민적 불신은 비상한 상황에서 기인한 것이다. 이 불신은 실존적 불안으로 인해 생활세계가—위험이 경우에 따라 있는 것임에도 불구하고, 아니 바로 그 때문에—더욱더 안전에 초조해함에 따라 생긴 결과였다. 이 불신은 또한 자유민주주의에서 신뢰가 위기의 도전을 받으면 얼마나 불안정한지를 보여준다. 코로나 바이러스는 시민사회의 신뢰를 시험대에 올렸다. 더 나아가 코로나 바이러스는 적지 않은 소수의 국민이 국가와 국가기관을 극도로 불신하고 백신 접종의 보편적 의무를 둘러싼 격렬한 찬반 논쟁에서처럼 "코로나 독재"의 유령을 불러내었음을 보여준다.

이러한 불신은 그것을 만들어내고 키우는 자들이라 할지라도—다른 시민들과 마찬가지로—국가 기관의 보호에 기꺼이 의존하고 발병 시

---

11 〈https://www.t-online.de/nachrichten/deutschland/id_88746188/corona-verstoesse-in-essen-online-formular-sorgt-fuer-scharfe-kritik.html〉와 Heather (2014: 97)을 참조하라.

공적 보건시설의 도움을 당연하게 받아들인다는 점에서 역설적이다. 더욱 역설적인 것은 과학, 미디어, 정치에 대한 이들의 불신이 대다수의 사람들이 신뢰를 확산시키고 백신 접종을 받음으로써 작용 가능해진다는 데 있다. 다수가 당국의 행동 권고를 신뢰한 덕분에 소수가 불신을 표출할 수도, 나아가 비교적 별 위험 없이 불신을 실천으로 옮길 수도 있는 것이다. 이마저도 자유민주주의 국가들은—이런 형태의 불신이 소수에 머물러 있는 한—받아들일 수 있다.

번역_김주호

참고문헌

Arendt, Hannah 1986 [1951]: Elemente und Ursprünge totaler Herrschaft. München: Piper.

Arndt, Adolf 1959: Vollstreckbarkeit verfassungswidriger (Steuer-)Gesetze?, in: Der Betriebs-Berater, 30. Mai, 533–535.

Brückenhaus, Daniel 2017: Policing Transnational Protest. Liberal Imperialism and the Surveillance of Anticolonialists in Europe, 1905–1945. New York und Oxford: Oxford University Press.

Brückenhaus, Daniel 2020: »Every Stranger Must be Suspected«. Trust Relationships and the Surveillance of Anti-Colonialists in Early Twentieth-Century Western Europe, in: Geschichte und Gesellschaft 36. 4, 523–566.

Dalton, Russell J. und Christian Welzel (Hg.) 2014: The Civic Culture Transformed. From Allegiant to Assertive Citizens. Cambridge: Cambridge University Press.

Danzer, Doris 2012: Zwischen Vertrauen und Verrat. Deutschsprachige kommunistische Intellektuelle und ihre sozialen Beziehungen (1918–1960). Göttingen: Vandenhoeck und Ruprecht unipress.

Diewald-Kerkmann, Gisela 1995: Politische Denunziation im NS-Regime oder Die kleine Macht der »Volksgenossen«. Bonn: Dietz.

Frevert, Ute 2013: Vertrauensfragen. Eine Obsession der Moderne. München: C.H.Beck.

Frevert, Ute 2020a: Nähe und Distanz, in: Geschichte und Gesellschaft 46. 3, 379–390.

Frevert, Ute 2020b: Mächtige Gefühle. Deutsche Geschichte seit 1900. Frankfurt a. M.: Fischer.

Frevert, Ute 2021: Gefühle im Widerstreit. Jüdische und kommunistische Zugehörigkeiten im 20. Jahrhundert, in: dies.: Gefühle in der Geschichte. Göttingen: Vandenhoeck und Ruprecht, 365–392.

Gellately, Robert 1993: Die Gestapo und die deutsche Gesellschaft. Die Durchsetzung der Rassenpolitik 1933–1945. Paderborn: Schöningh.

Gieseke, Jens 2000: Die hauptamtlichen Mitarbeiter der Staatssicherheit. Personalstruktur und Lebenswelt 1950–1989/90. Berlin: Ch. Links.

Goschler, Constantin und Michael Wala 2020: »Keine neue Gestapo«. Das Bundesamt für Verfassungsschutz und die NS-Vergangenheit. Reinbek: Rowohlt.

Gross, Raphael 2008: »Treue« im Nationalsozialismus, in: Nikolaus Buschmann und Karl Borromäus Murr (Hg.): Treue. Politische Loyalität und militärische Gefolgschaft in der Moderne. Göttingen: Vandenhoeck und Ruprecht, 253–273.

Häberlen, Joachim 2013: Vertrauen und Politik im Alltag. Die Arbeiterbewegung in

Leipzig und Lyon im Moment der Krise 1929–1933/38. Göttingen: Vandenhoeck und Ruprecht.

Hartmann, Martin und Claus Offe (Hg.) 2001: Vertrauen. Die Grundlage des sozialen Zusammenhalts. Frankfurt a. M.: Campus.

Heather, David (Hg.) 2014: DDR Posters. Ostdeutsche Propagandakunst. München: Prestel.

Hetzer, Gerhard 1981: Die Industriestadt Augsburg. Eine Sozialgeschichte der Arbeiteropposition, in: Martin Broszat, Elke Fröhlich und Anton Grossmann (Hg.): Bayern in der NS-Zeit. Band 3: Herrschaft und Gesellschaft im Konflikt. Teil B. München: Oldenbourg, 1–233.

Heuss, Theodor 1954 [1949]: Geleitwort, in: Handbuch des Deutschen Bundestages. Hg. von Fritz Sänger. Stuttgart: Cotta, 5–8.

Judt, Matthias (Hg.) 1998: DDR-Geschichte in Dokumenten. Berlin: Ch. Links. eines Philologen. Frankfurt a. M.: Röderberg.

Krüger, Herbert 1940: Vertrauen als seelische Grundlage der Volksgemeinschaft. Heidelberg: Winter.

Kuczynski, Jürgen 1973: Memoiren. Die Erziehung des J. K. zum Kommunisten und Wissenschaftler. Berlin: Aufbau-Verlag.

Kuczynski, Jürgen 1983: Dialog mit meinem Urenkel. Berlin: Aufbau-Verlag.

Kuczynski, Jürgen 1992: »Ein linientreuer Dissident«. Memoiren 1945–1989. Berlin: Aufbau-Verlag.

Kühne, Thomas 2000: Kameradschaft. Die Soldaten des nationalsozialistischen Krieges und das 20. Jahrhundert. Göttingen: Vandenhoeck und Ruprecht.

Mallmann, Klaus-Michael und Gerhard Paul 1991: Herrschaft und Alltag. Ein Industrierevier im Dritten Reich. Bonn: Dietz.

Middendorf, Stefanie 2013: »Masse«, Version: 1.0, in: Docupedia-Zeitgeschichte, 5. November. DOI: ‹http://dx.doi.org/10.14765/zzf.dok.2.32.v1›.

Murswiek, Dietrich 2020: Verfassungsschutz und Demokratie. Voraussetzungen und Grenzen für die Einwirkung der Verfassungsschutzbehörden auf die demokratische Willensbildung. Berlin: Duncker & Humblot.

Nolte, Paul 2000: Die Ordnung der deutschen Gesellschaft. Selbstentwurf und Selbstbeschreibung im 20. Jahrhundert. München: C.H.Beck.

Ortega y Gasset, José 1931 [1929]: Der Aufstand der Massen. Stuttgart: Deutsche Verlagsanstalt.

Peukert, Detlev 1980: Die KPD im Widerstand. Verfolgung und Untergrundarbeit an Rhein und Ruhr 1933 bis 1945. Wuppertal: Hammer.

Preuß, Hugo 2008 [1919]: Das Verfassungswerk von Weimar, in: ders.: Gesammelte Schriften. Band 4: Politik und Verfassung in der Weimarer Republik. Hg. von Detlef Lehnert. Tübingen: Mohr, 87–93.

Röpke, Wilhelm 1962 [1933]: Epochenwende?, in: ders. (Hg.): Wirrnis und Wahrheit. Erlenbach: Rentsch, 105–124.

Rosanvallon, Pierre 2017 [2008]: Die Gegen-Demokratie. Politik im Zeitalter des Misstrauens. Hamburg: Hamburger Edition.

Stenographische Berichte des Deutschen Bundestages, 2. Wahlperiode (1953–1957), in: ‹https://www.bundestag.de/dokumente/protokolle/plenarprotokolle›.

Suckut, Siegfried (Hg.) 1996: Das Wörterbuch der Staatssicherheit. Berlin: Ch. Links.

Suckut, Siegfried (Hg.) 2016: Volkes Stimmen. »Ehrlich, aber deutlich« – Privatbriefe an die DDR-Regierung. München: dtv.

Vorländer, Hans und André Brodocz (2006): Das Vertrauen in das Bundesverfassungsgericht. Ergebnisse einer repräsentativen Bevölkerungsumfrage, in: Hans Vorländer (Hg.): Die Deutungsmacht der Verfassungsgerichtsbarkeit. Wiesbaden: Verlag für Sozialwissenschaften, 259–295.

Warren, Mark E. (Hg.) 1999: Democracy and Trust. Cambridge: Cambridge University Press.

Wildt, Michael 2014: »Volksgemeinschaft«, Version: 1.0, in: Docupedia-Zeitgeschichte, 3. Juni. DOI: ‹http://dx.doi.org/10.14765/zzf.dok.2.569.v1›.

Wildt, Michael 2022: Zerborstene Zeit. Deutsche Geschichte 1918 bis 1945. München: C.H.Beck.

2부

2부 한국판 특집 / 장애를 생각하다

93   **정대훈·오근창** 시혜가 아니라 정의를! 장애의 정의론

105   **목광수**   장애(인)에 대한 정의론

135   **추정완**   장애와 의료기술의 관계에 대한 윤리적 성찰

165   **조수민**   타자로서 장애인을 위한 정의론의 이론적 기초

시혜가 아니라 정의를! 장애의 정의론

독일에 살던 어느 날 어떤 생각에 사로잡혀 길을 가던 나의 시선은 도로 건너 맞은편 보도에서 다가오는 휠체어 탄 장애인에게 무심코 향해 있었다. 갑자기 그는 나를 향해 항의의 손짓을 하였고 나는 정신을 차리고 시선을 그에게서 돌렸다. 나의 시선은 트인 공적 공간에 출현할 수 있는 그의 당연한 권리에 대한 도전으로 느껴져 불쾌감을 유발했을 것이다.

이와 한참 결이 다른 장면을 하나 더 이야기해 보자. 전국장애인차별철폐연대 소속 장애인들은 출근길 지하철의 탑승 현장에 출현하는 시위를 함으로써 지극히 당연한 이 출현의 권리를 위한 실질적 존립 기반이 우리 사회에서 얼마나 취약한지를 입증하였다.[1] 불편이 초래되었다고 느낀 것은 적대감 어린 시선을 받은 장애인들이 아니라 '시간이 돈'

---

[1] 우리가 사태를 이렇게 정식화할 수 있게 된 것은 버틀러에 힘입어서다. 주디스 버틀러, 『연대하는 신체들과 거리의 정치: 집회의 수행성 이론을 위한 노트』(김응산·양효실 옮김, 창비, 2020) 참조.

인 비장애인 시민들이었다.

1997년의 장애인등편의증진법, 2005년의 교통약자이동편의법, 2008년의 장애인차별금지법 등 법 제도가 장애인의 권리를 보장하는 방향으로 나아가고 있음에도 불구하고, 시민의식 등 비제도적·문화적 측면에서 우리 사회의 장애인들은 동료 시민의 자격을 실질적으로 인정받지 못하고 있다. 그들이 시민적 영역 바깥에서 비장애 시민들의 시혜에 의존하는 대상으로 여겨지고 있는 것이 현실임을 부정할 수 없을 것이다. 보편적 스케일의 장애 정의가 여전히 요원한 만큼 제한적으로 베풀어지고 있는 시혜가 차별을 정당화하고 있는 형국이다. 장애를 바라보는 우리의 시선 안에 시혜의 관점과 정의의 관점이 뒤섞여 있는 이 상황이 장애 문제의 해결을 오히려 가로막고 있는 듯하다. 이에 더하여, 장애 문제를 바라보는 정의론의 관점 또한 서로 분기하는 여러 입장으로 나타나고 있는 것이 현재의 실정이다.

이번 베스텐트 한국판 특집은 이런 문제의식 아래 '장애의 정의론'을 주제로 잡았고 이 주제에 관한 세 연구를 한데 모았다. 각 연구는 고유한 관심사를 갖고 있지만, 크게 볼 때 세 연구자의 장애 정의론은 '의료적 장애 모델'과 '사회적 장애 모델'의 구별을 기반에 두고 있다. 아래에서는 장애 정의론의 문제에 베스텐트 독자들이 수월하게 한 발 다가설 수 있으면 좋겠다는 희망을 품은 채 먼저 이 두 모델을 간단히 소개하고 나서 각 연구가 각기 어떤 문제에 초점을 맞추고 있는지 간명히 제시하려 한다.

장애를 바라보는 의료적 모델의 출발점은 비장애인이 입은 손상을 의술로 치료받을 필요가 있듯이 장애인에게 고유한 손상이 그에 합당한 치료를 받을 필요가 있다는 지극히 온당해 보이는 생각이다. 이런 사고 모델에서 장애는 장애자 개인이 지닌 정신적·신체적 손상으로 정의되어 왔고, 특히 의술을 포함한 기술 일반의 발달이 비장애인은 물론이거니와 장애인에게도 편익을 제공하고 삶의 고통을 경감·제거할 수 있으리라는 기대는 의료적 장애 모델에 입각한 것이라고 할 수 있다. 그러나 이 모델은 장애의 전적인 원인을 개인의 손상에 돌리며, 정상과 비정상을 가르는 사회의 기존 규범에 따라 제거되어야 할 손상이 장애인 차별의 궁극 요소로 남는다는 문제가 있다. 의료적 모델은 의도치 않게 장애인 차별과 같은 궤도를 돈다.

의료적 모델의 이러한 문제를 비판하면서 나온 것이 '사회적 모델'이다. 1970~80년대 이래 장애 운동이 신장되고 장애학이 발전하면서 형성된 이 접근법은, 장애를 개인의 손상으로 환원하지 않고 장애인을 둘러싼 사회적 환경의 배치 결과로 이해한다. '장애인이기 때문에 차별받는 것이 아니라, 차별받기 때문에 장애인이 된다.' 한국의 대표적인 장애학 연구자 김도현이 적확하게 지적했듯이, 손상은 장애의 원인이 아니다.[2] 가령, 저상버스의 도입이 개인의 손상을 제거하지 않으면서도 장애인(the disabled)이 버스에 탑승할 수 있게 만드는(enable) 데에서 알 수 있듯이, 사회 제도의 배치 상태가 장애와 비장애, 정상과 비정상을 가르는 매개변수가 되는 것이다. 장애(disability)는 사회적·인위적 차원의 문제이고, 장애인은 그가 속한 특정 사회의 제도와 문화가 어떤 구분선들에 의해 배치되어 있느냐에 따른 차별을 겪는다. 이동권 투쟁이

---

2 김도현, 『장애학의 도전』(오월의봄, 2019), 59-77쪽 참조.

나 탈시설 이슈와 같은 데에서 드러나듯 장애인이 한 사회 구성원으로서 동등하게 취급받을 수 있는가의 문제는 이런 의미에서 사회 **정의**의 문제가 된다.

여기에 실린 장애 정의론에 관한 세 연구는 의료적 모델과 사회적 모델의 구별에 대한 이러한 이해를 출발점으로 삼아 장애 정의론에 관한 각자의 흥미로운 관심사를 전개해 나가고 있다.

세 연구 중 **목광수**의 것은 장애 정의 문제를 다루는 계약론적 정의론과 역량 접근법을 검토한다. 현대에 가장 영향력 있는 정의론으로 꼽히는 롤즈의 정의론을 중심으로 하는 계약론적 정의론이 첫 번째 검토 대상이다. 롤즈의 정의론은 정당화된 '차등 원칙'을 내세워, 장애인들은 자연적·사회적으로 우연적인 요인들 때문에 '최소수혜층'에 속하게 되었으므로 이를 보상하기 위한 최대이익이 보장되어야 함을 주장한다. 또한 개인 보상 중심의 정의론이 낙인찍기 효과를 불러일으켜 장애인의 "자존감 훼손" 문제를 초래할 수 있는 반면에, 롤즈식 정의론은 사회적 기본 재화의 재분배를 주장하는 등 사회 제도 중심 정의론이라는 점에서 '사회적 장애 모델'에 가깝다. 게다가, 이 이론은 어떠한 형이상학적 가정도 없이 순수 절차적 공정성에 의존한다는 점에서 다원주의 사회에 적합하다고 평가받는 강점이 있다.

그러나 목광수에 따르면 롤즈의 정의론은 계약 과정에서도, 분배 과정에서도 장애인에 대한 부정의를 노출한다. 우선 롤즈의 모델은 가치감과 정의감이라는 두 가지 도덕 능력, 그리고 합리적 판단 능력을 지닌 사람만을 계약 당사자로 인정하여 장애인을, 특히 지적 장애인을 계약 과정의 참여자로서 배제한다. 목광수는 키테이(E. F. Kittay)에 동조하여 이것이 "서구 정치철학에 뿌리 깊은 심리학적 인간관"에 입각해 있다고 비판한다. 롤즈의 이론이 형이상학적 가정은 아니더라도, 유구한 전통을 가진 인간학적 가정에 입각해 있다는 것이다. 이러한 인간관은 장애인이 도덕적·법적 존재로서 인격성을 가지고 있는지를 의심하며, 다시금 의료적 장애 모델에 입각하여 장애인을 책임능력이 없는 의존적 존재, 정상에 미치지 못하는 비대칭적 사랑과 돌봄의 대상으로 격하한다. 법정에 선 지적 장애인들의 진술이 지닌 신빙성을 의심하는 "인식적 부정의(epistemic injustice)"가 성폭력 재판 과정에서 반복되는 현실은 이를 잘 보여준다고 목광수는 강조한다. 또한 목광수는 롤즈식 정의론에서는 자원 배분의 목표가 장애인의 정상성 회복에 맞추어져 있어서 정상-비정상 구분 도식에 여전히 사로잡혀 있다고 비판한다.

계약론적 정의론의 이런 단점을 보완할 수 있는 다른 형태의 정의론으로서 목광수가 주목하는 것은 아마르티아 센과 마사 누스바움의 역량 접근법(capability approach)이다. 계약론 모델에서 장애인은 합리적 계약 당사자의 자격을 얻지 못하여 계약 과정에서 배제되며 사회 제도의 보완에 중심을 둔다고 해도 장애인이 여전히 분배의 수혜자로 남는다는 문제가 있는 반면에, 역량 접근법의 기본 관점은 장애인의 행위자 역량을 강화하고 지원하는 데 있다. 이러한 강화를 위해 누스바움은 10개의 핵심 역량을 제시하는데, 이는 정의를 실질적으로 실현할 수 있는 두터운(thick) 정의론이라는 평가를 받는다. 그러나 10개의 핵심 역량은 특정한 입론(아리스토텔레스)에 기반하여 사전에 설정된 것으로서 독단적인 측면이 있다는 점, 그리고 역량 강화를 위한 지원을 받기 위해서는 자신의 특정 장애와 그에 기반해 형성된 고유한 문화(가령, 청각 장애와 수화 문화)를 정상성에서 벗어난 것으로 시인하는 과정에서 "자존감 훼손"을 겪을 수 있다는 문제가 있다. 이를 통해 장애인은 역량을 가진 행위자가 아니라 수혜자의 지위로 다시 떨어질 가능성이 있는 것이다.

핵심 역량을 미리 설정하고 장애의 비정상성을 출발점으로 한다는 점에서 간섭주의라는 비판을 받는 누스바움의 접근법에 비해, 이마르티아 센은 역량의 구체적인 목록을 그 사회의 "공적 추론(public reasoning)"에 열려 있는 것으로 두고 있다. 또한 센의 접근법은 기능 발휘를 위한 여건 조성에 있어서 장애 당사자 자신의 선택에 여지를 둔다. 가령, 언어 발성 장애자에게 발성 기능을 강화하는 약물의 투여 여부를 선택할 수 있는 여건을 마련해 주되 그 사람이 자신의 정체성과 문화를 선호하여 약물 대신에 수화를 배우고자 한다면 이를 존중한다는 것이다.

하지만 목광수는 센이 제시하는 "공적 추론"의 의미가 모호하여 계약론 전통의 합리적 계약 당사자 간의 토론으로 좁게 해석된다면 다시금 장애인 배제의 문제를 불러일으킬 여지가 있다고 비판한다. 목광수 자신이 제안하는 장애 정의론은 "수정된 역량 접근법"이다. 이에 따르면, "공적 추론"은 다양한 문화와 역사 속에서 형성되고 구체화되어 온 소통으로 넓게 해석되어야 하고, 제도 중심적 이상론과 인식적 부정의에 따른 차별과 같은 당면한 불의를 제거해야 한다는 현실적 비이상론이 종합되어야 한다.

추정완의 글 역시 의료적 장애 모델에 대한 비판에서 출발하여 사회적 장애 모델을 추구한다는 점에서는 목광수의 연구와 방향을 같이한다. 그러나 추정완의 글은 특별히 생명윤리적 관점에서 장애 태아의 차별적 낙태라는 첨예한 문제를 중심으로 논의하여 장애 정의론에 기여하고자 한다. 추정완이 강조하는 점은 두 가지이다.

첫째, 장애를 지닌 태아의 선별적 낙태는 과거 우리 사회에서도 횡행했던 성감별에 따른 낙태와 **마찬가지로** 불의(不義)하다. 과거 여아의 선별적 낙태가 횡행했던 까닭은 공식적·비공식적 차원의 제도적·문화적 장치들에 의해 사회에 만연했던 여성에 대한 차별에 있다. 물론 지금도 젠더 문제는 첨예한 이슈지만, 이제 성감별에 의한 낙태가 부당한 차별에 기반한 구시대적 행태였다는 데에는 아무도 이의를 달지 않을 것이다. 이는 여아의 성장과 교육에 대한 사회적 지지와 지원의 면에서 우리 사회가 그동안 이룬 변화와 균형에 많은 부분 기인한다. 이에 반하여, 현재 대부분의 임신부가 받는 산전 검사를 통해 '기형'이 예상되는 태아의 경우 높은 비율로 낙태로 '유도'되고 있는 실정이다(오랫동안의 낙태불법화로 인해 이는 추정할 수 있을 뿐이다). 이는 장차 태어날 장애아의 부모가 떠안아야 할 높은 정도의 양육 및 교육 부담과 장애아 본인이 장차 감수해야 할 사회·문화적 차별이 명백히 예상되기 때문이다. 그러나 사회의 차별적 여건이 시정되면서 여아 선별 낙태가 감소된 것으로부터 알 수 있듯이, 장애 태아의 선별 낙태로 이끄는 차별적 조건은 단지 역사적으로 우연히 조성된 **불의한** 여건일 뿐이다. 그럼에도 산전 검사를 통해 이미 배아 수준에서부터 '장애'를 제거할 수 있는 정도로 발전을 거듭하고 있는 의료 기술은 이 불의한 여건을 시정하기보다는 오히려 그것을 우리가 적응해야 할 조건으로 고착시키고 '용이하게' 받아들이도록 유도하고 있다.

산전 검사 기술에 의해 장애차별적인 사회적 여건의 방치가 조장되고 있는 현실이 첫 번째 비판적 포인트라면, 추정완이 비판적으로 조망하고자 하는 두 번째 포인트는 우생주의적 기술의 **일반화**이다. 즉 태아 산전 검사 기술이 과거 시행되었던 우생학적 단종법의 새로운 버전으로서 '장애'를 사전에 제거하는 소극적 우생학(negative eugenics)을 실천하는 것이라면, 유전자 기술과 나노기술 등의 첨단 생명공학기술은 '유전적 구속으로부터의 자유(genomic freedom)'뿐 아니라 나노 단위의 인공 신경 삽입 등을 통한 인간의 '형태적 자유(morphologic freedom)'를 약속하면서 인간 향상(human enhancement)을 목적으로 하는 적극적 우생학(positive eugenics)의 전망을 내놓고 있다는 것이다. 추정완은 페니(J. Penny)의 구별에 의존하여, 개인적 결손이라는 좁은 의미의 장애를 제거의 대상으로 보는 의료적·개인적 관점과 인간의 물리적·인간학적 한계라는 넓은 의미의 장애를 극복의 대상으로 보는 초인간적(trans-humanist) 관점을 상대화하여 비판하고, "신체 기능상 필요에 집중하기보다는 장애 그 자체를 어떤 문제로 여기는 태도에 주목하여 장애에 대한 편견을 제거하고자 하는 의식과 제도적인 관점의 변화를 강조"하는 사회 정의의 관점(social justice perspective)에서 장애 문제를 진지하고 집요하게 성찰할 것을 주문한다.

마지막으로 **조수민**의 글은 '사회적 장애 모델'이 장애 문제를 바라보는 관점을 제고했음을 인정하면서도 이 모델이 갖는 문제점을 지적하면서 의료적 모델과 사회적 모델의 "종합"을 시도한다. 조수민은 진정 장애인**을 위한** 정의론이라면 장애인의 '타자성'을 진지하게 고려해야 한다고 제안한다. 장애의 문제는 분명 사회구조와 제도의 문제이기는 하지만, 장애 정의론은 우선 장애인 **자신**이 경험한 부정의가 무엇인지를 고려해야 한다는 것이다. 사회적 모델에서는 장애를 겪는 당사자의 고통과 그와 연관하여 그가 형성하고 있는 고유한 정체성이 부당하게 사상될 수 있다는 우려가 제기된다. 조수민이 적확하게 지적하듯, "장애인에 대한 차별이 부정의이듯, [다양한 장애를 갖고 있는 사람들이 겪는] 이처럼 서로 다른 다양한 체험과 삶의 내용이 존중되지 않는 것 역시 부정의라고 할 수 있다." 한마디로, "정체성 배제(identity exclusion)"의 문제가 발생할 수 있다는 것이며, 비장애인이 장애인의 정체성을 전유하고 배제하는 문제가 해결되어야 한다. 장애인 자신의 행위주체성(agency)이 존중되는 방식으로 연대를 확장할 수 있는 정의론을 구상하는 것이 조수민의 중심적인 문제의식이라고 할 수 있다.

조수민이 개진하고자 하는 대안의 출발점은 '장애인 자신이 말하도록 하고 그것을 경청하기'이다. 조수민은 장애 경험의 말하기와 경청하기가 어떤 이유로 중요한지를 허시먼(N. J. Hirschmann)과 스미스(R. M. Smith)의 인상적인 말을 인용하며 강조한다.

> "질병과 장애는 어떤 의식과 개성을 수반한 몸 내에서 발생하며, 그 의식과 개성은 **질병과 장애를 지닌 몸의 경험**에 의해 주조되고, 형성되며, 영향을 받는다. (⋯) 그 경험들은 언제나 그들이 누구인가를 말해 주는 일부일 것이고, 지속되는 통찰과 이로움의 원천일 수 있다. 즉 그 경험들은 어떤 경우에도 제거될 수 없다."(조수민의 강조)

장애인들의 의식과 개성을 형성하는 데 한몫을 갖는 그들의 개별적 경험을 말하게 하고 경청하는 것은 장애를 대하는 출발점이어야 한다. 사실, 장애인의 말하기와 그 말을 듣는 것은 한 묶음으로 이루어져야 하는 것이지만 각 측면의 중요성에 비추어 분석적으로 조명될 필요가 있다.

한편으로, 장애 말하기의 이론적 중요성을 부각하기 위해 조수민이 원용하는 것은 아마르티아 센의 행위 주체(agency) 개념과 앨러스데어 맥킨타이어의 서사적 자아(narrative self) 개념이다. 센은 한 사회의 부정의를 평가하는 데서 개별적인 행위 주체의 관점을 중시하고, 맥킨타이어는 어디에도 뿌리내리지 않은 근대적 주체의 관념을 비판하며 한 사회의 구체적인 장소에 위치한 주체의 이야기가 바로 그 주체를 형성한다고 주장한다. 이런 점에서 이 두 개념은 행위 역량의 발휘와 관련된 개별 장애인의 경험에 얽힌 말하기의 중요성을 대변해 준다. 조수민은 사회적 모델에서 쉽게 차용되는 "'사회적 약자(the socially vulnerable)'라는 표현이 오히려 장애인의 '말하기'를 가로막는 지배계급의 이데올로기일 가능성을 전적으로 배제할 수 있는지에 대한 의문"을 논쟁적으로 제기하며, "장애인과 비장애인의 경계를 지우려는" 시도는 장애 정의론의 우선적 과제가 아니라고 주장한다.

다른 한편, 제임스 리서(J. Risser)를 원용하며 조수민은 경청이 "타자 강화(strengthening the Other)"의 행위라고 말하며, 경청은 윤리적 행위로서 "장애 정의론이 필수적으로 고려해야만 하는 요소"라고 강조한다. 편협한 정체성 정치와 당사자주의로 빠지는 것을 경계하면서도, 듣는 자가 말하는 당사자 자신이 될 수 없다는 인간의 존재론적 조건에 겸손하게 유의하며 당사자성을 장애 정의론의 기본으로 삼아야 한다는 것이 조수민의 주장이다.

이상 세 편의 글은 장애 정의의 이념을 공유하고 있으면서도, 각각의 글을 따라가다 보면 우리는 장애 정의의 출발점은 무엇이어야 하며, 비판적 초점이 우선 어디에 맞추어져야 하는지 등의 논점에서는 세 글이 분기하는 지점을 발견할 수 있기도 하다. 가령, 목광수가 자원 분배 과정에서 일어날 수 있는 낙인찍기와 같은 '인식적 부정의'(장애인임을 인정해야 분배받을 수 있다)에 민감하게 반응하는 것과 달리, 조수민은 오히려 인식적 부정의를 해소하고자 하는 시도가 장애인의 고유한 경험을 지우는 결과를 초래할 수 있다고 경고한다. 이처럼 장애 정의의 문제는 현실에서 부닥치고 부닥쳐 쟁취해야 할 것이기도 하거니와 세부적인 맥락을 고려하는 성찰을 요하기도 한다.

장애 문제에 대해 글을 엮는 시도가 베스텐트 한국판 특집이 처음은 아니다. 이미 지난 2023년 가을에 『문화/과학』에서 '장애와 역량'이라는 주제로 특집호가 나오기도 했다. 국내 계간지 중 불과 작년에 출간된 이 특집호가 장애라는 주제를 다룬 거의 최초의 시도에 속한다는 것은 장애라는 문제의 중대성에 대한 인문·사회과학계, 나아가 한국 사회의 어떤 맹목을 새삼 일깨워 주는 듯하다. 이번 출간이 아주 미약하게라도 우리 사회의 장애 담론과 실천에 보탬이 될 수 있기를 희망해 본다. 그것이 베스텐트 편집진과 필진, 그리고 베스텐트를 매해 출간하고 있는 사월의책 출판사의 노력이 값을 받는 유일한 길일 것이다.

정대훈·오근창
베스텐트 한국판 특집 책임편집자

장애(인)에 대한 정의론*

목 광 수

1. 장애(인)에 대한 정의론의 필요성

한국장애인개발원의 『2023 장애통계연보』에 따르면, 2022년 등록 장애인 수는 2,652,860명으로 전체 인구의 5.2%에 해당한다. 우리 사회의 적지 않은 인구가 장애를 가지고 살아가고 있다. 그런데 이들이 우리 사회의 구성원으로 정당한 대우를 받고 있는지는 의문이다. 2005년 '교통약자의 이동편의 증진법'을 통해 이동권이 법률로 보장되었지만, 2023년 현재 장애인 이동 편의를 위한 저상버스 도입률은 전국 평균 26%에 불과하다. 장애인들이 사회 구성원으로서 충분히 존중받지 못하는 현실에서 이런 부정의를 제거하는 실천이 시급하지만, 이러한 실천이 지속적이고 체계적으로 이뤄지기 위해서는 이론적 논의도 중요하나. 최근 이상론(ideal theory)과 비이상론(non-ideal theory)의 논쟁에서 나

---

* 이 글은 다음 논문의 내용에 새로운 논의를 추가하여 수정하고 보완한 것이다. 목광수 (2012), 「장애(인)와 정의의 철학적 기초」, 『사회와 철학』 제23집.

타난 것처럼 부정의 제거가 바로 정의(justice)로 연결되는 것도 아니며, 또 다른 부정의를 산출할 위험마저 있기에 세심한 주의가 요구되기 때문이다. 더욱이 무분별한 장애에 대한 논의와 활동이 오히려 의도하지 않은 결과(unintended result)인 장애인에 대한 왜곡된 인식과 편견을 야기할 수 있다.

장애(disability)에 대한 이론적 논의는 수용 정도에 따라 양자 사이에 다양한 모델들이 존재하겠지만, 장애에 대한 전통적인 입장인 '의료적 모델(medical model)'과 1970년대 이후 이를 비판하면서 대안으로 제시된 '사회적 모델(social model)'로 대표된다. 의료적 모델에서 장애는 건강함이라는 '정상성(normality)'에서 벗어나는 개인 차원의 신체적 손상과 질병과 같은 부적격 또는 일탈 등의 '비정상'을 의미하는 반면에, 사회적 모델에서 장애는 사회 제도나 환경이 특정한 사람들, 즉 손상이 있는 사람들의 사회 활동에 불이익이 되고 제약을 주는 방식으로 구조화된 사회적인 것으로 간주된다. 이러한 모델들은 장애에 대한 사회적 인식을 형성할 뿐만 아니라, 이를 토대로 장애 문제의 대응 방식을 제시한다. 장애 문제에 대한 초기 대응 방식을 주도한 사회 복지학에서는 의료적 모델을 토대로 장애에 대한 의료적 개입과 재활 정책을 제시하였다. 반면에, 최근의 장애인 인권 운동이나 관련 정책은 장애가 억압적인 사회 환경과 제도를 통해 구성되었다는 사회적 모델에 입각하여, 이러한 억압 기제들을 타파하려는 사회 제도 개혁 정책을 제시하고 있다. 장애에 대한 모델과 장애 문제에 대한 정책들 사이에 이론적 토대로서 장애(인)에 대한 정의론이 위치한다. 정의론의 철학적 정당화 논의가 장애에 대한 모델들의 정당화와 평가의 토대가 되기도 하고, 관련 정책의 방향성과 목표를 정당하게 설정해 주기도 하기 때문이다. 따라서 장애인에 대한 정의는 임기응변적인 비이상론적 접근이 아닌 통합적이고 체계적인 정의론을 통해 접근될 필요가 있다.

　장애(인)에 대한 정의론을 모색하기 위해 기존의 논의부터 살펴보자. 대표적인 기존 장애(인)에 대한 정의론은 크게 장애(인)에 대한 계약론적 정의론과 비계약론적 정의론으로 구분된다. 이 글은 기존의 정의론들을 비판적으로 검토하고, 기존 논의의 대안으로 수정된 역량 접근법(capability approach)에 입각한 장애(인)에 대한 정의론을 제시하고자 한다. 역량 접근법은 상호의존적(interdependent) 인간관에 기반을 두고 있을 뿐만 아니라, 정의 실현을 위해 개인 측면, 제도 측면과 비제도 측면의 통합적이며 체계적인 접근을 강조한다는 점에서, 몇 가지 이론적 수정이 가해진다면 장애 문제에 대한 바람직한 이론적 틀을 제시할 것으로 기대되기 때문이다.

2. 장애(인)에 대한 기존의 정의론 검토 1
: 계약론적 정의론

장애(인)에 대한 계약론적 정의론은 현대 정의론의 태두로 여겨지는 롤즈(John Rawls)의『정의론』(1971/1999)에 토대를 두고 있다. 비록 롤즈는 『정의론』과『정치적 자유주의』(1993)에서 장애(인)에 대한 논의를 자신의 정의론에서 제외하지만, 계약론을 옹호하는 많은 학자들은 롤즈의 정의론을 토대로 자신들의 장애(인)에 대한 정의론을 제시하고 있다. 이리한 장애에 대한 계약론적 정의론이 정당한지에 대해 계약 정당화 과정과 분배 과정을 중심으로 검토해 보고자 한다.

계약 정당화 과정에서 장애인 배제 문제

계약론은 특정 형이상학에 의존하지 않고 당사자들의 합의를 통해 정의와 윤리의 정당성을 확보한다는 점에서 다원주의 시대의 정당화 방법으로 적절하다고 평가된다. 그러나 계약론에 입각하여 장애(인)에 대한 정의론을 제시하려는 논의들이 합의와 계약 과정에서 장애인을 배제한다는 비판이 있다(Silvers and Francis 2005: 41). 계약론은 기본적으로 특정한 지적 능력을 전제한 개인들 사이의 토론과 합의를 전제하는데 그러한 능력이 충족되지 않는 장애인을 합의 과정에서 배제하기 때문이다. 예를 들어, 롤즈에게 있어서 계약 참여자인 시민들은 두 가지 도덕 능력인 가치관과 정의감의 능력을 가지고 합리적이고 합당한 판단을 내릴 수 있는 지적 능력을 소유하고 "평생에 걸쳐 사회에 충분히 협력할 수 있는 구성원들"로 제한된다(Rawls 1999: 123-130). 롤즈에게 있어서 이러한 두 가지 도덕 능력은 사회 구성원들 사이의 평등 조건인 동시에 자유의 근거로 칸트적 전통에 기반을 두고 있다(Rawls 1993: 19). 따라서 롤즈 정의론에 따르면, 이러한 두 가지 도덕 능력을 갖추지 못한 장애인, 특히 지적 장애(cognitive disability)를 가진 사람들은 사회 계약 과정에 참여하지 못한다. 이러한 '배제의 문제(the outlier problem)'는 계약론 전통의 다른 학자들에게도 동일하게 나타난다. 예를 들어, 고티에(David Gautier)는 특별한 필요나 손상이 있는 사람들은 "계약론에 의해 근거 지워지는 도덕적 관계의 당사자가 아니다"라고 주장한다(Gautier 1986: 18).

장애인을 계약 과정에서 배제하는 인식은 서구 정치철학에 뿌리 깊은 심리학적 인간관(psychological personhood)과 관련된다. 정치철학 영역에서 장애인을 생물학적 존재인 사람(human being)으로 간주하는 데에는 이견이 없지만, 도덕적 책임을 감당하고 자율적인 판단을 내리는 도덕적·법적 존재인 인격(personhood)으로 간주할 것인가에 대해서는 논란이 적지 않다. 키테이(Eva Feder Kittay)에 따르면, 아리스토텔레스부터 롤즈까지의 서양 철학 전통은 합리적 추론 능력인 지적 능력을 인간의 조건으로 중시하는 심리학적 인간관이었다(Kittay 2005: 563). 이러한 전통적 논의에 입각해서, 맥마한(Jeff McMahan)은 고도의 심리학적 능력인 자기의식과 합리성을 포함하는 지적 능력을 갖추지 못한 사람, 즉 지적 장애가 심각한 사람은 인간의 최소 기준에 부합하지 못한다고 주장한다(McMahan 2010).

계약을 통한 정당화 과정에서 장애인을 도덕적·법적 존재인 인격으로 간주하지 않고 배제하려는 심리학적 인간관은 의료적 모델의 '정상성' 개념에 기반을 둔다. 의료적 모델은 정상 상태에서 벗어난 손상을 장애로 규정하고, 이를 경험하는 장애인들은 "아프고, 비통하고, 병들고, 고통스럽다"고 규정한다(Barnes 1996: 17). 이러한 정상성 개념은 자본주의 사회 구조로부터 구성된 것으로 이를 통해 자본주의 경제 활동에 참여하지 못하거나 능률성이 높지 않은 사람들을 통제하고 지배하기 위해 이데올로기적으로 구성된 개념이라는 비판이 제기되고 있다. 핸들리(P. Handley)는 장애를 근본적으로 의학적 차원에서 접근하는 '장애에 대한 상식적 견해'를 견지하는 롤즈식의 계약론자들은 장애인에 대한 왜곡된 인식, 즉 장애인은 결여되고 의존적인 존재라는 인식을 전제하고 있다고 분석한다(Handley 2003: 109). 정상성 개념에 따라 장애인을 책임 있는 존재로부터 배제하는 계약론은 장애인을 주체로서의 정의의 대상이 아닌 돌봄과 사랑의 대상, 즉 주체 능력을 상실한 의존적 존재인 객체로만 간주한다는 점에서 그 자체로 부정의일 뿐만 아니라, 이러한 인식에 기반을 둔 정책들은 장애인들에 대한 차별과 착취를 고착시킨다는 점에서 부정의이다. 예를 들어, 법정에서 장애인들, 특히 지적 장애인들의 진술에 신빙성을 의심하는 인식적 부정의(epistemic injustice)가 성폭력 재판 과정에서 빈번하게 발생하는 사회 현실은 이러한 차별과 착취의 부정의를 잘 보여준다(Fricker 2007: 1).

계약 정당화 과정에서 장애인을 배제한다는 비판에 대해서는 두 가지 반론이 제기될 수 있다. 첫 번째는 롤즈 계약론은 칸트(Immauel Kant)에 대한 전통적인 해석에 기반하여 도덕적으로 정당화된 상호 존중(mutual respect)에 입각한 계약론(contractualism)이지 홉스(Thomas Hobbes)에 대한 전통적인 해석을 토대로 상호 이익(mutual advantage)에 입각한 계약론(contractarianism)이 아니기 때문에 장애인을 배제하지 않는다는 반론이다(Hartley 2009: 18). 롤즈 정의론에서 사회 구성원들은 "[상호 이익인] 모든 사람의 복지조차도 압도할 수 없는 (…) 정의에 입각한 불가침"의 요소를 갖고 있다고 주장하는데, 이러한 주장은 롤즈 계약론이 상호 존중에 입각한 논의임을 보여준다(Rawls 1999: 24-25). 따라서 계약론자들은 롤즈 정의론에서 장애인에 대한 상호 존중 아래 장애인의 이익이 충분히 대변될 수 있다는 점에서 계약 과정에 장애인에 대한 실질적 배제가 없다고 주장한다. 이러한 반론은 롤즈식의 계약론이 장애인에게 이익이 되는 사회적 기본 구조를 제공할 것이라는 믿음에 근거하고 있다(Becker 2005: 17). 왜냐하면 롤즈는 모든 시민들은 그들의 능력과 관계없이 정의론에 의해 평등하게 보호 받는다고 주장하기 때문이다. 롤즈는 "각 개인이 아마도 [두 가지 도덕적 능력의 하나인] 정의감에 대한 다양한 능력을 가질 것이지만, 이러한 사실이 더 적은 능력을 가진 사람을 정의의 충분한 보호로부터 배제할 이유가 되지는 않는다"고 명시한다(Rawls 1999: 443). 설령 이러한 믿음과 주장이 실현된다고 하더라도, 계약 과정에서 장애인이 계약의 주체에서 제외된다는 배제의 문제는 여전히 유효하다. 설령 장애인의 이익이 보장된다고 하더라도 그러한 계약 과정에 장애인이 직접 참여하지 못하기 때문이다. 더욱이 장애인을 계약 과정에서 배제하면서도 장애인에 대한 이익을 보장하겠다는 시도는, 그 자체로 장애인을 주체로 인정하지 않는 것일 뿐만 아니라 장애인의 실질적 이익도 보장하지 못하기 때문이다. 모리스(Jenny Morris)와 영(Irish Young)이 지적하는 것처럼 비장애인은 장애인의 경험과 인식에 접근하는 데 한계가 있다는 점에서 장애인의 이익을 충분히, 그리고 실질적으로 대변할 수 없다. 모리스는 "장애를 가진 남자와 여자 모두 자신들의 경험을 일반적인 문화 내에서 기술할 기회를 거의 갖지 못한다. (…) 장애인들의 경험은 고립되고 (…) 이러한 고립은 장애가 없는 사람들이 장애인들의 현실을 자신들의 연구와 이론 속에 포함시키는 것을 어렵게 만든다"고 기술한다(Morris 1999: 8). 영 또한 이러한 현상에 대해 인정한다. "휠체어를 이용하는 장애인의 관점에 자신의 관점을 투영해 보라고 요청받았을 때, 장애가 없는 사람은 그러한 관점을 상상하지 못한다. 오히려 그들은 자신들의 두려움이나 자신들의 공상(fantasies)을 장애인에게 투영한다"(Young 1997: 344).

두 번째는 롤즈 정의론에서 두 가지 도덕 능력은 사회 구성원이 되기 위한 충분조건은 될 수 있지만 필요조건은 아니기 때문에 롤즈 계약론은 장애인을 배제하지 않는다는 반론이다. 롤즈 논의에서 두 가지 도덕 능력은 그 자체로 중요하다기보다는 사회 협력을 위해 중요하게 간주되었던 것이기에, 어떤 식으로든 사회 협력에 기여한다면 그것만으로도 사회 구성원이 될 수 있기 때문이다. 더욱이 롤즈는 "[두 가지 도덕 능력이] 필요조건인지 여부는 고려하지 않을 것이다. (…) 설령 필요조건이라고 하더라도 이를 근거로 정의를 보장하지 않는 것은 현실에서 현명하지 않을 것이다"라고 언급한다(Rawls 1999: 442-443). 이런 점에서 장애인은 부분적으로라도 경제 활동에 참여할 수 있고 심각한 상애의 경우에조차 '신뢰의 당사자(parties to trust)'라는 점에서 관계를 맺고 사회 협력, 특히 가족 관계나 시민 사회에 참여하기 때문에 롤즈 정의론에서 사회 구성원에 포함될 수 있다고 주장된다(Silvers and Francis 2005: 69). 이러한 반론이 타당한지 여부는 차치하고라도, 이러한 반론은 롤즈의 인간관이 장애인을 배제하는 심리학적 인간관이 아니라는 반론에 국한될 뿐, 롤즈 정의론이 계약 과정에서 장애인을 배제하지 않는다는 반론은 아니다. 왜냐하면 이러한 해석의 롤즈 정의론에서도 여전히 계약 과정의 주체는 합리적이고 합당한 존재로 한정되고 있기 때문이다.

이상의 논의는 계약론 자체가 특정한 인간의 지적 능력을 전제하고 있다는 점에서, 이러한 지적 능력을 갖지 못하거나 불충분하다고 여겨지는 사람들을 기본적으로 배제하고 있음을 보여준다. 정상성 개념에 입각해서 장애인을 책임 있는 존재로부터 배제하는 계약론은 장애인을 주체 능력을 결여한 의존적 존재로만 간주한다는 점에서 장애인의 자존감(self-respect)을 상실시킬 뿐만 아니라, 장애인에 대한 착취와 차별을 고착화하는 부정의를 초래한다.

분배 과정에서 장애인의 자존감 훼손 문제

계약의 정당화 과정을 포함하든 포함하지 않든, 장애에 대한 기존 정의론들의 주된 관심은 재화를 어떻게 분배하는가이다. 분배와 관련해 장애인에 대한 현실 부정의가 극심해 개선이 시급하기 때문이다. 분배에 초점을 둔 정의론은 그 내용에 따라 두 가지로 구분된다. 첫째는 장애인에 대한 개인적 보상을 중심으로 제시되는 정의론이고, 둘째는 사회제도 개혁을 중심으로 제시되는 정의론이다. 먼저 개인적 보상 중심의 정의론부터 살펴보자.

장애인에 대한 개인적 보상을 중심으로 제시되는 분배 정의론은 장애가 개인적 차원의 비극인 고정된 의학적 상태라는 의료적 모델에 기반을 두고 있다. 이러한 정의론은 장애인들이 경험하는 '본질적인 나쁨 (intrinsically bad)'에 대한 전통적인 대응 방식으로 의료적 개입과 재활 정책을 제시한다(Morris 1991: 180). 예를 들어, 아너슨(Richard Arneson)은 "분배 정의론은 신체적 장애로 인해 어려움을 겪는 개인들을 위한 특별한 보상(compensation)을 합당하게 제시할 수 있다"고 주장한다(Arneson 1990: 184). 비치(Robert Veatch)는 "정신적 그리고 신체적 장애인은 (…) 자신들의 장애를 보상하도록 공공 자원을 사용하도록 사회에 정의를 요구한다"고 언급한다(Veatch 1986: 140). 계약론 전통에 입각한 롤즈 정의론에서 장애인들은 사회적 기본 재화(social primary goods)의 재분배를 통해 그들의 자연적, 사회적 우연성이 완화되어져야 하는 존재이다. 따라서 비장애인들의 사회계약을 통해 '정상성'에서 벗어난 장애인들의 개인적 비극이 극복될 수 있도록 재분배가 시행되어야 하며, 이러한 재분배 정책에는 장애인들이 의료적 개입과 재활 교육을 통해 비장애인들처럼 '정상성'에 맞게 생활할 수 있도록 보상하는 방식이 포함된다.

개인적 보상 중심의 정의론에는 두 가지 비판이 제기된다. 첫째, 개인적 보상 중심의 정의론은 추구해야 할 정의의 목표로 특정 정형(pattern)인 '정상성'을 상정함으로써 정상성에서 벗어난 존재인 장애인을 열등하고 의존적 존재로 폄하한다는 비판이다(Oliver 1996: 88). 예를 들어,

정상성 개념인 '정상적인 종 기능(normal species functioning)'을 중심으로 정의론을 제시하는 대니얼즈(Norman Daniels)는 "질병(나는 여기에 트라우마로부터 초래된 장애와 기형을 포함한다)은 인간 종의 전형적 구성원이 갖는 자연스러운 기능적 조직으로부터 벗어난 것이다"라고 주장한다 (Daniels 1985: 28). 대니얼즈에 의하면 어떤 개인이 정상적인 종 기능을 유지하지 못하면, 그 개인이 추구하는 인생 목표의 기회들이 감소되어 공정한 기회를 갖지 못하게 되기 때문에, 사회는 이러한 기회를 갖도록 분배 정의를 통해 도와야 한다. 장애인에게 이러한 기회(opportunity)의 평등을 보장하려는 대니얼즈의 시도는 소수자인 장애인의 정체성을 그대로 인정하기보다는 지배적인 정상적 인간 속으로 편입시키려는 강제적인 간섭이라는 점에서 그 자체로 부당하다. 실버스(Anita Silvers)가 잘 지적하는 것처럼, 많은 장애인들의 장애는 정상성 개념에 부합되게 회복되거나 재활되지 않는 속성임에도 불구하고, 정상성 개념에 근거한 재활 및 치료 정책 하에서 이러한 사람들은 '실패자'로 불리게 된다 (Silvers 1998: 66, 95). 이러한 개인적 차원의 보상 중심의 정의론은 장애인을 정상성에서 벗어난 결여된 존재로 폄하하여, 수혜자인 장애인들의 자존감을 훼손하는 부정의를 야기한다.

둘째, 개인적 보상 중심의 정의론은 장애인들의 문화와 정체성을 훼손시킨다는 비판이 제기된다. 정상성 개념에 따르면 장애인들의 정체성과 문화를 형성하는 특성은 비정상적이며 보상되어 교정되어야 한다. 보상 중심의 정의론에 입각한 정책, 예를 들어 청각 장애인들을 말할 수 있도록 돕는 교육은 청각 장애인을 교정하고자 한다. 왜냐하면 청각 장애인이 말하지 못하는 "특별한 계층의 일원으로 삶을 살아가는 것은 인류의 모든 비극을 경험하는 것이며, 다른 어떤 불행과도 비교할 수 없는 것"이기 때문이다(Baynton 1996: 145). 그러나 현실 역사가 보여주는 것처럼, 청각 장애인들은 소리 언어(oral language)보다 수화(sign language)를 선호하며 이를 통해 충분히 의사소통을 할 뿐만 아니라, 이를 토대로 자신들의 고유한 정체성과 문화를 형성하고 있다(Baynton 1996: 151). 따라서 개인적 보상 중심의 분배 정책은 정당화되지 않은 정상성 개념에 입각하여 이에 벗어난 특성을 갖고 있는 소수자인 장애인의 공동체 문화와 정체성을 강제로 파괴하고 훼손한다는 점에서 부정의를 야기한다.

사회 제도 개혁 중심의 정의론은 앞에서 제기된 비판들을 피할 수 있을 것으로 보인다. 사회 제도 개혁 중심의 정의론은 장애에 대한 사회적 모델에 토대를 두고 있다. 사회적 모델은 장애의 요인을 장애인들의 신체적 또는 정신적 상태로부터, 소수자인 장애인이 갖고 있는 어떤 특징에 불이익을 야기하는 사회 제도나 환경으로 전환시킨다. 이러한 사회적 모델은 장애인을 '환자'가 아닌 '권리를 가진 사람'으로 규정한다(Silvers 1998: 75). 따라서 사회적 모델에 입각한 정의론은 권리를 가진 사람인 장애인을 억압하는 사회적 제도와 여건들을 제거하고 개혁하는 정책을 제시한다. 장애에 대한 사회적 모델은 롤즈 정의론의 기본 정신과 일치한다. 롤즈는 개인의 신체적 조건, 상황 등의 자연적 우연성은 그 자체로는 정의롭다거나 부정의하다고 가치 부여할 수 없지만, 이를 토대로 생산된 이익과 손해를 사회가 어떻게 제도적으로 분배하는가에 따라 정의 여부가 결정된다고 주장하기 때문이다(Rawls 1999: 87). 롤즈 계약론을 계승 발전시켜 '자원 분배론(Resourcism)'을 제시하는 포기(Thomas Pogge)가 잘 지적한 것처럼, 롤즈의 계약론은 사회 제도 개혁에 치중하기 때문에 앞에서 제기되었던 장애인에 대한 폄하나 의존적 존재로의 낙인찍기(stigmatization) 등의 비판에서 벗어날 수 있을 것이다 (Pogge 2002). 롤즈의 제도 중심의 분배 정의론을 장애에 대한 논의로 확장한 대표적인 학자는 장애인에 대한 '형식적 정의론(formal justice)'을 제시한 실버스이다. 실버스가 자신의 형식적 정의론을 개인적 보상 중심의 분배 정의론과 차별화하는 이유는, 후자가 "결여되어 있고 따라서 상업적이며 공적인 주류의 삶으로부터 배제된 장애인을 유지시키기 위해 특별한 혜택과 수혜권(entitlement), 그리고 면제(exemption)를 받아야 하는 존재로 간주"하기 때문이다(Silvers 1998: 286). 실버스는 장애인의 자존감을 훼손하지 않으면서 정의로운 사회를 구현하기 위해서는 개인적 차원의 보상을 배제하고, 장애인을 동등하게 대우하지 않는 사회 제도들을 개혁해야 한다고 주장한다.

장애에 대한 제도 중심적 정의론에는 세 가지 비판이 제기될 수 있다. 첫째, 제도 중심적 정의론 또한 정상성 개념에 근거하고 있어 간접적으로 장애인을 결여된 존재로 폄하한다는 비판이다. 제도 중심적 정의론의 토대가 되는 사회적 모델은 장애를 사회적, 제도적 환경에 의해 구성된 것으로 간주하기 때문에, 만약 사회적, 제도적 환경이 장애인에게 편리하게 개혁된다면 장애인에 대한 차별이 사라질 수 있다고 주장한다. 그런데 사회적 모델이 제시하는 개혁의 방향성은 비장애인들의 삶에 장애인들의 삶을 맞추려는 것, 즉 정상성을 목표로 사회적 제도를 개혁하는 것이다. 이러한 사회적 모델에 입각한 제도 중심적 정의론은 역설적이게도 장애인이 정상성에서 벗어난 결여된 존재라는 인식을 전제하고 있기에, 개인적 보상 중심적 정의론에 제기되었던 장애인에 대한 비판이 동일하게 적용될 수 있다. 이런 비판에 대해 터지(Lorella Terzi)는 장애에 대한 정의 논의에서 정상성 개념을 거부하는 것이 가져올 이론적·실천적 결론이 수용하기 어렵다는 문제를 지적한다(Terzi 2004). 왜냐하면 이러한 비판을 고려한 사회적 모델은 정상성 개념 없이 사회적 제도와 환경을 장애인들에게 유리하게 제공하려고 하지만, 만약 정상성 개념 자체가 없다면 이러한 제도적 개혁 요구 자체가 역설적이게도 성립되지 않기 때문이다. 그러나 이러한 정상성 개념과 관련된 사회적 모델의 역설 논의는 제도 중심적 정의론이 장애인을 결여되고 의존적인 존재로 폄하한다는 비판을 인정하는 것이다.

둘째는 제도 중심적 정의론은 장애인이 경험하는 개인적 손상을 무시한다는 점에서 비현실적이라는 비판이다. 제도 중심적 정의론은 장애 자체를 결여나 손상이 아닌 그 자체로 존중되고 가치 있는 특성으로 간주한다. 카하네(Guy Kahane)와 사부레스쿠(Julian Savulescu)는 자신의 자녀가 청각 장애인이 되길 원했던 레즈비언 부부의 이야기, 자신들의 자녀가 난쟁이가 되길 원했던 난쟁이 부부의 이야기 등을 제시하며, 어떤 결함도 어떻게 해석하는가에 따라 장점이자 우호적인 재능이 될 수 있다고 주장한다(Kahane and Savulescu 2009: 14). 실제 조사 결과에 따르면 미국의 190개의 병원에서 청각과 난쟁이 배아를 선택하려는 부부들이 5%에 이른다(Baruch and Hudson 2007). 동일한 맥락에서 모리스는 "나에게 있어서 장애는 정신적, 철학적, 그리고 심리학적인 유익함이다. 만약 우리가 [장애인인] 이방인이 되는 것이 하나의 선물(gift)이라는 것을 이해할 수 있다면 우리는 단지 다른 사람들의 시각에서만 장애인이라는 것을 알게 될 것이다"라고 언급한다(Morris 1991: 187). 이러한 입장은 청각 장애와 같은 몇몇 특정한 장애나 개인적 종교심 등에 의해서는 수용될 수 있지만 일반화되기는 어려워 보인다. 크로우(Liz Crow)는 "우리의 손상이 우리의 삶 대부분의 영역에 영향을 미치기 때문에, 개인으로서 우리 대부분은 확신을 갖고 손상이 우리의 삶과 관계없는 척할 수는 없다"고 말한다(Crow 1992: 7). 설사 선천적인 장애에 대해서는 손상을 무시할 수 있다고 하더라도, 후천적인 장애에 대해서도 동일하게 그럴 수 있을지 의문스럽다. 통계에 따르면 오늘날 후천적 장애도 다수 발생하는데, 이러한 사람들에게 후천적으로 얻은 손상이나 결여가 장점이라고 말하고, 그러한 이유로 치료할 필요가 없다고 말할 수 있을지 의문이다. 장애인들이 경험하는 손상과 장애 가운데는, 크로우가 지적하는 것처럼 분명한 손상도 있을 것이고, 장애에 대한 사회적 모델이 지적하는 것처럼 어떤 것은 손상으로 보이지만 사회적, 문화적 환경과 제도 속에서 조성된 것도 있을 것이다. 따라서 개인적 손상이나 결여에 대해 민감하기보다는 무시하는 듯한 제도 중심적 정의론은 비현실적일 뿐만 아니라, 장애인들의 실질적인 문제를 외면한다는 점에서 차별과 착취를 의도와 달리 고수한다고 볼 여지가 있다.

세 번째 비판은 장애인에 대한 제도 개혁 중심의 정의론은 불충분하다는 비판이다. 사회적 모델은 장애를 사회적 환경과 제도에 의해서 인위적으로 형성된 것으로 간주하기 때문에, 대응 방식은 사회적 환경과 제도 개혁을 통해 부정의를 산출할 수 있는 물질적 토대를 제거하는 것이다. 그런데 문제는 이러한 정의론은 자본주의적인 경제 체제를 전제한 물질주의적 측면만 주목할 뿐, 제도 외적인 사회 문화라든지 개인의 정체성 등의 비물질적 영역에서 야기되는 장애의 문제, 예를 들면 앞에서도 언급했던 자존감 훼손 등의 인식의 차원을 간과한다(Terzi 2004: 147). 아무리 사회 제도가 장애에 대한 차별을 야기하지 않을 수 있도록 이상적으로 개혁된다고 하더라도, 사회 구성원들과 장애인 자신의 인식과 문화에서 야기되는 장애에 대한 편견과 왜곡이 여전하다면 자존감 훼손이나 인식적 부정의의 문제는 여전히 남아 있기 때문이다. 프레이저(Nancy Fraser)는 택시 승차를 거부당한 흑인 은행장 사례를 통해, 물질주의적인 사회 제도 개혁만으로는 정의를 이룩할 수 없고 제도 외적인 사회 문화와 개인의 정체성 등의 인식론적 차원이 중요함을 강조한다(Fraser and Honneth 2003: 34).

　이상의 논의에서 본 것처럼, 장애(인)에 대한 계약론적 정의론은 특정 형이상학에 의존하지 않아 다원주의 사회에 적합하다는 이론적 장점에도 불구하고, 계약 과정에서 장애인을 배제하고 분배 과정에서 장애인의 자존감을 훼손할 수 있다는 비판에 직면한다. 계약론에 입각한 장애(인)에 대한 정의론은 장애인에 대한 왜곡된 인식과 편견, 그리고 착취와 차별의 부정의를 야기할 수 있다는 점에서 장애(인)에 대한 정의론으로 부적절해 보인다.

3. 장애(인)에 대한 기존의 정의론 검토 2-1
: 누스바움의 비계약론적 정의론

장애(인)에 대한 계약론적 정의론의 한계를 극복하기 위한 대안으로 제시되는 장애(인)에 대한 비계약론적 정의론에 대표적인 논의는 역량 접근법(capability approach)에 토대를 둔 정의론이다. 역량 접근법은 경제학자이면서 윤리학자인 센(Amartya Sen)에 의해 제시되었고 철학자인 누스바움(Martha Nussbaum)이 아리스토텔레스의 이론을 가지고 철학적 기초를 강화한 이론체계이다. 1979년 센은 "Equality of What?" 논문을 통해 당시 유행하던 롤즈나 공리주의자들의 평등 논의가 인간의 다양성(human diversity)을 무시하고 획일적인 평등만을 강조한다고 비판하면서 자신의 역량 접근법을 대안으로 제시하였다. 역량 접근법은 인간의 다양성에 주목하여 각자의 역량(capability) 평등을 추구하는 것이 중요하다고 주장함으로써 평등에 대한 새로운 패러다임을 제시하였다. 역량 접근법이 비록 평등 논쟁에서 처음 언급되었지만 '접근법'이라는 명칭에서 드러나는 것처럼 하나의 이론이라기보다는 다양한 이론들의 토대를 제공하는 관점을 제공해 준다. 역량 접근법은 평등만이 아닌 적절성(adequacy)이나 최소치충족(sufficiency)과 같은 다양한 평가 기준을 포괄하여 다양한 맥락과 실천 영역에 적용되는 이론 틀(framework)에 해당한다.

역량 접근법이 적정 수준의 정의로운 사회를 위한 이론적 토대가 되기 위해 추구해야 할 기준으로서 역량의 목록이 필요하다는 데에는 학자들 사이에 이견이 없다. 그러나 이를 제시하는 방법에 있어서 센과 누스바움은 큰 차이를 보인다. 누스바움은 수정 가능성을 열어두면서도 핵심 역량(The Central Human Capabilities) 목록을 구체적으로 제시하는 반면에, 센은 역량 목록이 필요하지만 이는 개별 사회의 공적 추론(public reasoning)에 맡겨져야지 학자들에 의해 구체적이고 보편적인 목록이 제시되면 역량 접근법이 강조하는 다양성과 자유를 훼손할 수 있다고 주장한다. 이런 차이로 인해 누스바움과 센은 서로 다른 장애(인)에 대한 비계약론적 정의론을 제시한다. 먼저 누스바움의 장애(인)에 대한 비계약론적 정의론을 살펴보자.

정당화 과정에서 장애(인) 배제 문제

누스바움이 제시하는 10가지 핵심 역량 목록은 생명(life), 신체적 건강(bodily health), 신체적 통합성(bodily integrity), 감각(senses)/상상력(imagination)/사고(thought), 감정(emotions), 실천적 이성(practical reason), 소속 (affiliation), 다른 종들(other species), 놀이(play), 환경에 대한 통제(control over one's environment)이다(Nussbaum 2011: 33-34). 누스바움은 이를 기준으로 장애(인)에 대한 정의론을 제시하는데, 누스바움에 따르면 이러한 역량 목록은 인간의 존엄성(human dignity)에 대한 직관적 관념(intuitive idea)을 통해 직접적으로 정당화되지만, 간접적으로는 롤즈의 중첩적 합의(overlapping consensus) 방법과 스캔론(Thomas Scanlon)의 계약론에 의해 정당화된다(Nussbaum 2006: 156).

누스바움의 간접적 정당화 방식은 롤즈의 계약론적 방법과는 직접적으로는 다르지만 근본적으로는 계약론적이다. 중첩적 합의 또한 당사자들의 합의를 전제하기 때문이다. 이러한 방식은 앞에서도 언급한 것처럼 분배 과정에서의 차이는 있겠지만 합의 과정에서는 계약론이 직면했던 문제, 즉 장애인 배제의 문제에 대한 비판에 마찬가지로 직면한다. 왜냐하면 중첩적 합의를 통해 보편적 기준을 제시하려는 누스바움의 시도는 그 과정에서 추상화와 환원의 과정이 불가피하고 이러한 과정을 통해 배제가 야기되기 때문이다. 누스바움의 직관적 관념을 통한 정당화는 아리스토텔레스의 논의에 토대를 두고 있는데, 이러한 본질주의적 입장은 특정 형이상학에 입각하였다는 점에서 앞에서 제기되었던 '정상성' 전제로 인한 문제, 즉 장애인을 결여된 존재이며 의존적인 존재로 간주한다는 장애인 배제의 문제에 동일하게 노출되어 있다. 또한 다원주의 사회에서 특정한 형이상학에 대한 정당화 없이 직관에 호소하는 방식은 그러한 형이상학을 옹호하지 않는 사람들에게는 부당한 간섭에 해당한다.

분배 과정에서 자존감 훼손 문제

누스바움은 자신의 논의가 간섭주의(paternalism)라는 비판을 받더라도, 역량의 목록을 제시하는 것이 인간의 존엄성을 보장하고 자유를 위한 토대를 마련한다는 입장을 강조한다(Nussbaum 2011: 26). 와서만(David Wasserman)은 간섭주의라는 비판을 받는 누스바움의 역량 목록이 약점 이라기보다는 두터운(thick) 정의론을 제시하여 실질적인 정의를 실현 할 수 있다는 점에서 장점이라고 평가한다(Wasserman 2006: 229). 누스바 움은 자신의 10개 핵심 역량 개념을 토대로 장애인의 역량을 강화하기 위해 물질적 재화를 분배해야 한다고 주장한다. 누스바움은 센과 마찬 가지로 역량과 기능의 차이를 인정하지만, 센과 달리 장애인에 대한 분 배 정책은 역량이 아닌 기능(functioning)을 토대로 이루어져야 한다고 명시한다(Nussbaum 2006: 171). 장애인은 선택을 제대로 할 수 없기 때 문에 장애와 관련된 분배 과정은 자유로운 선택보다는 강제적인 분배 가 이루어질 필요가 있기 때문이다.

누스바움의 분배 정의론은 수혜자를 선별하는 과정에서 장애인의 자 존감을 훼손시킨다는 비판에 직면한다. 포기는 역량 접근법이 자연적 우연성에 입각한 차이를 다양성(horizontal)으로 간주하기보다는 서열화 된 등급(vertical)으로 인정하기 때문에, 수혜자를 선별하는 과정에서 수 혜자의 자존감을 훼손한다고 비판한다(Pogge 2002: 205). 개인은 역량 접 근법의 수혜자가 되기 위해 자신의 자연적 특성이 열등함을 입증해야 하며 사회로부터 공식적으로 열등한 존재로 선별되어야 하기 때문이 다. 예를 들어, 분배 정의론의 수혜를 받기 위해 청각 장애인은 자신의 수화 문화와 정체성을 형성하는 자연적 특성에 대해 스스로 '정상성'에 서 벗어나 결여되어 있음을 시인하고 사회적으로도 인정받아야 하는 데, 이러한 과정은 필연적으로 청각 장애인의 자존감을 훼손시킨다.

더욱이 이러한 역량 접근법은 역량 강화 과정, 즉 분배 과정에서도 장애인을 폄하하고 의존적 존재로 배제한다. 누스바움은 비계약론적 방식을 통해 제시되는 장애에 대한 자신의 역량 접근법은 정당화와 논의 과정의 차이에도 불구하고 분배 과정에서는 롤즈의 정의론과 동일하다고 주장한다(Nussbaum 2006: 179). 앞에서 롤즈의 정의론에 입각한 장애인에 대한 정의론들이 장애인을 의존적이며 결여된 존재로 폄하한다는 비판이 제기되었는데, 이러한 비판이 누스바움의 논의에도 그대로 적용된다. 누스바움에 의하면 장애인은 역량이 부족한 의존적인 존재이기 때문에 역량 강화를 통해 회복되어야 하는데, 이러한 주장은 앞에서 '정상성' 개념을 토대로 개인적 보상 중심의 정의론이 제안했던 주장과 동일하다. 이에 대해 페이퍼(David Pfeiffer)는 누스바움이 장애인을 폄하하고 의존적 존재로 전락시킨다고 비판한다(Pfeiffer 2001). 실버스도 비슷한 맥락에서 누스바움의 역량 접근법이 '정상인'을 산출하는 것을 평등의 목표로 삼고 있는데, 이러한 방식은 장애인을 열등한 존재로 간주하게 만들 수 있다는 우려를 표명한다(Silvers 1998: 137).

4. 장애(인)에 대한 기존의 정의론 검토 2-2
: 센의 비계약론적 정의론

장애(인)에 대한 기존 정의론인 계약론적 정의론은 합의 과정에서 장애인을 배제할 뿐만 아니라 분배 과정에서도 장애인을 결여되고 의존적인 존재로 폄하한다는 문제가 있었다. 더욱이 계약론적 정의론은 사회 제도 외적인 문화나 인식 등의 차원에 대해 주목하지 못하고 물질 분배에만 국한되는 한계를 보였다. 이러한 문제점과 한계를 극복하고자 제시된 누스바움의 비계약론적 정의론은 역량의 목록과 기능에 대한 강조로 인해 계약론적 정의론의 한계와 문제점에 대한 적절한 대안이 되지 못했다.

센의 역량 접근법은 누스바움과 달리 역량의 구체적인 목록을 제시하지 않으며, 모든 영역에서 기능의 분배가 아닌 역량의 분배를 옹호하여 해당 개인과 사회의 자유를 중시한다. 이러한 역량 접근법은 장애에 대한 논의에서 기존 논의들의 한계를 극복하면서 이론적 우위를 차지할 수 있는 몇 가지 장점들이 있다.

첫째, 센의 역량 접근법은 개인의 선택을 중시한다는 점에서 간섭주의라는 비판을 피할 수 있다. 앞에서도 언급했던 것처럼 센의 역량 접근법은 누스바움과 달리 기능의 분배가 아닌 역량의 분배를 중시한다. 센에 의하면 역량은 '가치 있는 상태들과 행위들'인 기능을 성취할 수 있는 실질적 자유를 의미한다(Sen 1993: 3). 이러한 역량이 갖는 실질적 자유의 성격은 영양을 공급받지 못해 동일한 기능 저하에 해당하는 굶주림(starvation)과 금식(fasting)의 구별에서 분명하게 드러난다. 금식은 충분히 영양을 공급받을 수 있는 상황이지만 다른 가치, 예를 들어 종교적 신념을 위해 기능 저하를 행위 주체가 스스로 선택한다는 점에서 마찬가지로 기능 저하이지만 강제된 굶주림과는 구별되어 센의 역량 접근법에서 허용된다. 따라서 센의 역량 접근법은 장애(인)에 대한 정의론에서 수혜자의 기능 충족을 위해 간섭하는 것이 아니라 그러한 기능을 할 수 있는 여건을 조성하고 이를 수혜자 스스로 선택하도록 맡긴다. 예를 들어, 센의 역량 접근법은 언어 발성에 어려움이 있어 수화를 배우는 사람에게 발성 기능을 할 수 있게 하는 약물이 설령 있다고 하더라도 이를 강제로 투여하기보다는 그 사람이 스스로 투여 여부를 선택할 수 있는 여건을 마련하는 데 주안점을 둔다. 역량 접근법은 그 사람이 자신의 정체성과 문화를 선호하여 약물 대신에 수화를 배우고자 한다면 이를 존중한다.

둘째, 센의 역량 접근법은 '장애인'이라는 범주를 제거하여 인식론적 차별의 토대를 없앨 수 있다. 역량 접근법이 전제하는 아리스토텔레스의 인간관에 따르면 인간은 모두 상처받기 쉬운 존재(human vulnerability)라는 점에서 의존적인 동시에 독립적인 상호의존적(interdependent) 존재이다. 상호의존적 인간관에 따르면, 장애인이라고 명명된 사람들이나 비장애인이라고 명명된 사람들 모두는 정도의 차이가 있을 뿐 의존적인 동시에 독립적이다. 스미스(Steven Smith)는 자본주의 시장 중심적 경제학이 인간의 독립성을 전제하고 있는데, 이러한 인간의 독립성은 신화에 불과하며 모든 인간은 의존적이라고 주장한다(Smith 2001). 자본주의의 발전과 더불어 '장애인'이라는 범주가 등장하고 장애인이 비장애인과 구분되는 의존적인 존재로 인식되기 시작했다는 역사적 해석 논의는 이런 스미스의 주장을 뒷받침한다. 따라서 역량 접근법의 상호의존적 인간관에 따르면 현재 장애인으로 분류되는 사람들은 더 의존적이라는 일반적 표현인 '사회적 약자(the socially vulnerable)'로 재분류될 수 있다. 이러한 재분류에 따르면 '장애'는 '사회적 약자'를 판단하는 요소 중 하나이지 전적인 기준이 될 수 없다는 점에서, 장애인에 대해 인식론적 차별의 토대가 제거될 수 있다.

셋째, 센의 역량 접근법은 개인, 제도, 비제도 측면의 통합적 접근을 지향하고 있어서 장애 정의를 실현하기에 효과적이다. 역량 접근법에 의하면 한 개인의 역량은 어떤 한 가지 개인적 특성에만 의거하는 것이 아니라 다양한 요소들에 의해 영향 받는다. 센은 인간의 다양성에 영향을 미치는 다섯 가지 요소들인 개인적 차이(personal heterogeneities), 환경적 다양성(environmental diversities), 사회 환경에서의 다양성(variations in social climate), 관계적 관점에서의 차이(differences in relational perspectives), 가족 내에서의 분배(distribution within the family)를 제시한다(Sen 1999: 70-71). 이러한 다섯 가지 요소들 가운데 장애와 관련된 요소를 중심으로 재분류하면, 개인 측면(개인적 차이), 제도 측면(환경적 다양성과 사회 환경에서의 다양성), 비제도 측면(관계적 관점에서의 차이와 가족 내에서의 분배)으로 구분된다. 이러한 측면들은 개인이 재화를 역량으로 변환시키는 차이와 관련해 인간의 다양성을 설명할 뿐만 아니라, 역량을 평가하고 강화하는 토대를 마련한다. 예를 들면, 자연적 우연성이 다른 건장한 사람과 휠체어를 필요로 하는 사람에게 동일한 재화를 균등하게 분배한다고 하더라도, 두 사람이 서로 다른 이동 능력을 갖추고 있기 때문에 실제로는 각자의 기능을 평등하게 발휘할 수 없다는 논의는 개인 측면과 관련된 인간의 다양성을 설명한다. 휠체어 이용 시설이 구축되어 있지 못한 사회에서는 이동과 관련하여 휠체어 이용자가 다른 사회보다 더 많은 재화가 필요하다는 사례는 제도 측면과 관련된 인간의 다양성을 보여준다. 비제도 측면은 사회적, 종교적, 문화적 규범이나 관습, 인식과 권력관계 등과 관련된다. 장애인을 결여되고 의존적인 열등한 존재로 인식하는 문화 속에서 장애인들은 동일한 재화를 가지고도 사회진출을 하는 데 심각한 제약을 받는다는 사례에서 볼 수 있는 것처럼, 비제도 측면은 동일한 재화가 역량으로 전환되는 과정에 영향력을 행사한다. 이러한 인간의 다양성에 대한 논의는 개인 요인뿐만 아니라 제도 요인과 비제도 요인 등의 다양한 측면과 관련된 장애 개념을 이해하는 효과적인 설명 방식을 제공할 뿐만 아니라, 제도와 비제도, 그리고 개인 측면의 통합적 접근을 통해 장애 정의를 실현해야 한다는 대응 방안 또한 제공해 준다. 이러한 통합적 접근 방식은 기존의 정의론이 간과했던 비제도 측면인 문화와 정체성 등의 비물질 영역을 포함한다는 장점이 있다.

센의 역량 접근법은 장애(인)에 대한 정의론의 이론적 토대로서 누스바움의 한계를 일정 부분 극복할 수 있다는 장점이 있지만, 정당화 과정에서 제시되는 공적 추론(public reasoning) 방식이 무엇인지 구체화하지 않았고, 이로 인해 분배 과정에서 여전히 자존감을 훼손할 수 있다는 비판에 노출된다. 센의 역량 접근법도 장애(인) 문제와 관련된 역량 목록을 제시하기 위해서는 공적 추론이 필요한데 공적 추론이 계약론이 그랬던 것처럼 추론 과정에서 장애인을 배제할 위험이 있기 때문이다. 또한 분배 과정에서 역량을 강조한다고 하더라도 인식적 부정의가 만연한 사회에서 자신이 갖고 있는 특성에 대한 폄하로 인한 부정의가 여전할 수 있기 때문이다.

5. 수정된 역량 접근법에 입각한 장애(인)에 대한 정의론

센의 역량 접근법이 갖는 장점들에도 불구하고 장애(인)에 대한 정의론의 이론적 토대가 되기 위해서는 앞에서 언급한 문제들로 인해 몇 가지 수정이 필요하다. 첫째, 센의 역량 접근법은 추구해야 할 이상적 목표 설정을 위한 공적 추론 과정에서 장애인을 배제하지 않는 방식으로 수정되어야 한다. 앞에서도 언급했던 것처럼 센의 역량 접근법은 누스바움과 달리 보편적 역량 목록을 제시하기보다는 각 사회의 다양성과 특수성을 보장하기 위해 구체적인 목록을 제시하지 않는다. 센 역시 정의 실현을 위하여 추구해야 할 기본적인 역량이 이상적 목표로 설정되어야 함을 인정하지만, 이러한 보편적 목록 규정이 각 사회 나름대로 갖고 있는 다양성을 훼손할 수 있을 뿐만 아니라 열린 공평성(open impartiality)을 지향하는 윤리적 관점에서 정당화되기 어렵기 때문이다(Sen 2009: 242). 센은 각 사회가 민주적 과정을 통해 역량의 목록을 각각 설정하자고 제안하는데, 센의 민주주의 개념은 특정 형태의 정치 형태를 의미하는 것이 아니라 다양한 전통과 문화에서 보편적으로 발견되는 인간의 공적 추론 자체를 의미한다(Sen 2009: 329-335). 그런데 문제는 센이 공적 추론의 의미를 분명하게 제시하지 않았기에 해석의 문제가 제기된다는 점이다. 만약 센의 공적 추론의 의미를 합리적이고 합당한 토론 능력 등을 전제하는 것으로 좁게 해석하면 계약론 전통이나 누스바움에게 제기되었던 장애인 '배제의 문제'에 대한 비판이 동일하게 제기될 수 있다. 따라서 공적 추론의 의미를 공적 문화와 역사 속에서 형성되고 구체화되어 온 공적 의미 소통으로 넓게 해석하고 확장해야 한다. 센이 제시한 다양한 위치의 관점을 지닌 개인들을 포용하는 열린 공평성의 의미로 공적 토론을 적극적으로 해석할 필요가 있다. 이렇게 확장된 공적 추론은 특정 이성적 능력을 전제하는 논리나 합의 등을 넘어 해당 사회의 다양한 구성원들이 배제 없이 포함되어 다양한 방식을 통해 표현하고 소통하는 넓은 의미의 참여로 이해된다. 이렇게 수정된 역량 접근법은 이상론적 기준이 되는 역량의 목록을 정당화하는 과정에서 장애인을 배제하지 않을 수 있다.

둘째, 역량 접근법은 분배 과정에서 수혜자인 장애인의 자존감을 훼손하지 않는 방식으로 수정되어야 한다(목광수 2010: 235). 포기가 제기했던 것처럼 역량 접근법은 개인적 보상 중심의 분배 정의의 측면이 있기 때문에 수혜자의 자존감을 훼손한다는 비판에 직면한다. 따라서 역량 접근법이 수혜자의 자존감을 훼손하지 않기 위해서는 사회적, 문화적 관습 속에서 열등하다고 평가되는 개인적 측면의 자연적 우연성, 즉 장애의 원인이 되는 특성을 평가와 분배 과정에서 제외하고 사회적 약자라는 일반적인 관점으로 전환해야 한다. 그러나 이러한 수정이 만약 개인적 측면을 포기하고 제도와 비제도 측면에만 주목하는 논의를 의미한다면, 수정된 역량 접근법이 개인적 손상을 무시하는 비현실적 논의라는 또 다른 비판에 직면하게 된다. 더욱이 이런 비현실성은 장애(인)에 대한 정의론의 실천성을 약화할 우려가 있다. 왜냐하면 수혜자의 자존감을 보장하기 위해 장애인을 사회적 약자 범주에 포섭하는 방식은 장애와 관련된 부정의의 특수성을 간과해 정의 실현의 동력을 약화시키기 때문이다. 이러한 딜레마는 수정된 역량 접근법을 이상론과 비이상론의 통합된 구조로 설정할 때 해결될 수 있다.

수정된 역량 접근법에 입각한 장애인에 대한 정의론은 각 사회와 문화의 다양성 속에서 사회적으로 추구해야 할 역량의 목록을 공적 문화와 역사 속에서 채택하고, 사회적 약자인 인간의 다양성을 토대로 제도, 비제도, 개인 측면이 통합된 방식을 통해 역량의 평등과 정의를 추구하는 이상론으로 이해된다. 그러나 이러한 이상론을 실현하기 위한 현실에서의 비이상론은 제도, 비제도, 개인적 측면의 모든 정책을 동시에 적용하는 것이 아니라, 현실적 부정의를 고려하여 수혜자인 장애인의 자존감을 보존하면서도 부정의를 제거하는 순차적이고 점진적인 방식으로 적용해야 한다. 이상론의 보편적인 사회적 약자의 역량을 강화하기 위해 비이상론인 현실에서는 특수성을 갖는 장애(인)에 대한 부정의를 제거하는 방식부터 시작하는 것이다. 예를 들어, 이상론으로서의 수정된 역량 접근법에 입각한 정의론은 현재 사회에서 지적 장애가 있다고 인식되는 어떤 사람을 위해 제도, 비제도, 그리고 개인 측면의 통합적 접근을 통해 역량을 강화하고 부정의를 제거하며 정의를 실현해야 한다. 그러나 이러한 세 측면이 동시에 적용된다면, 현재의 사회적, 문화적 관습 속에서 지적 장애는 열등하게 평가되기 때문에 수혜자인 장애인을 선별하여 직접적으로 역량 강화하는 치료나 재활 등의 정책을 시행할 때 수혜자인 장애인의 자존감을 훼손할 수 있다. 자존감을 훼손하지 않기 위해 열등하다고 인식되는 영역을 평가와 분배 과정에서 외면하면 지적 장애로 인해 초래되는 부정의에 무감각하여 이를 제거하는 실질적인 정의 실현이 불가능하다. 따라서 비이상론으로서의 수정된 역량 접근법에 입각한 정의론은 먼저 현실에 존재하는 부정의를 제거하기 위해 비제도 측면부터 시작하여 제도 측면으로 나아가는 역동성을 가져야 한다. 즉 비제도 측면에서 교육 등을 통해 지적 장애가 있다고 인식되는 사람에 대한 사회적 인식을 전환하는 실천을 선행하면서, 동시에 이러한 사람들이 공적 영역에서 차별하고 배제하는 사회 제도를 역동적으로 개혁해야 한다. 인간은 상호의존적 존재이며 어떤 사람들은 더 의존적이라는 의미에서 사회적 약자가 될 수 있다는 인식을 확장해 장애인에 대한 인식적 편견, 즉 '정상성'을 전제하는 인식을 제거하면서, 이러한 이상을 지향하면서도 현실에서 장애의 특성으로 인해 사회생활에 어려움을 겪지 않도록 사회 기반 시설에 대한 개선을 추구해야 한다.

이를 통해 현재 사회에서 장애인으로 불리는 사람들의 자존감이 강화되고 정체성이 바람직하게 형성된다면, 이후 자연적 우연성에 대한 개인 측면의 역량 강화가 수혜자의 자존감 훼손 없이 개인의 선택을 통해 이루어질 수 있다. 예를 들어, 생명 공학의 유전자적 개입과 관련된 자유주의 우생학(liberal eugenics)이 개인의 실질적 자유에 근거한다고 인정받기 위해서는 먼저 비제도 측면이 개선되어 특정 유전자에 대한 차별이나 편견과 같은 인식적 부정의가 없고 공적 영역에서 존중받는 제도가 마련된 이후의 개인 선택이어야 한다(목광수 2016: 121). 이러한 역량 접근법에 입각한 정의론은 실제로 장애인들의 원하는 삶과도 부합한다. 캐플런(Deborah Kaplan)은 장애인들이 원하는 정의로운 사회는 자신들에 대한 낙인을 제거하는 사회 구조를 갖춘 인정(recognition)과 존중(respect)이 이루어지고 자유가 향유되는 사회라고 주장한다(Kaplan 2000).

6. 장애(인)에 대한 정의론을 통한 정의로의 여정

수정된 역량 접근법에 입각한 장애(인)에 대한 정의론은 센의 역량 접근법의 장점들을 수용하면서도 장애(인)에 대한 정의를 실현하기 위한 공적 추론의 내용을 확장하여 구체화하고, 제도, 비제도, 개인 측면의 통합적인 정의 실현을 위한 이상론과 비이상론의 체계적 구조를 갖추고 있다. 이상론으로서의 정의론은 추구할 정의의 방향성과 목표를 설정하여, 부정의를 발견하고 이를 제거하여 정의를 실현하는 비이상론의 정책들이 의도하지 않은 부정의를 야기하지 않도록 올바른 방향을 설정해 준다. 비이상론적 정의론은 이상론이 제시한 정의의 목표와 방향성을 추구하면서도 현실적인 상황들을 고려하여 순차적이며 점진적인 개혁을 추구한다. 기존의 이상론 없는 비이상론이 임기응변적인 부정의 제거 정책으로 인해 의도하지 않은 또 다른 부정의를 야기했던 것과 달리, 수정된 역량 접근법에 입각한 장애(인)에 대한 정의론은 이상론과 비이상론의 통합적 구조 아래 체계적이고 실질적인 정의를 추구할 것으로 기대된다.

법률이 보장하는 이동권을 위해 2021년 시작된 전국장애인차별철폐연대의 대중교통 점거 시위가 2023년 12월 말인 지금도 계속되고 있다. 지속적인 시위에도 불구하고 변화가 없어 보이는 현실로 인해 정의 실현이 가능할까라는 의구심이 들기도 한다. 그런데 센은 정의가 단박에 이뤄지는 것이 아니라 조금씩 나아가는 과정이라고 힘주어 말한다. 수정된 역량 접근법에 입각한 장애(인)에 대한 정의론은 현실의 부정의를 제거하는 실천을 통해 조금씩 정의로 나아가는 비교적 정의관(comparative perspective of justice)이다. 역량이 충족된 사회를 꿈꾸며 정의를 향해 한 걸음씩 묵묵히 나아갈 때 장애인과 비장애인이 차별 없이 자존감을 보장받고 더불어 자유롭게 살아가는 정의로운 사회로 조금씩 나아갈 수 있을 것이다.

참고문헌

목광수 (2010). 「역량 중심 접근법과 인정의 문제: 개발 윤리와의 관련 하에서 고찰」. 『철학』 제104집. 한국철학회.

목광수 (2016). 「자유주의 우생학에 대한 비판적 고찰」. 『철학』 제126집. 한국철학회.

Arneson, Richard (1990). "Liberalism, Distributive Subjectivism, and Equal Opportunity for Welfare." *Philosophy and Public Affairs* Vol. 19.

Baynton, Douglas C. (1996). *Forbidden Signs*. University of Chicago Press.

Crow, Liz (1992). "Renewing the social model of disability." *Coalition News*. Greater Manchester Coalition of Disabled People.

Daniels, Norman (1985). *Just Health Care*. Cambridge University Press.

Fraser, Nancy and Honneth, Axel (2003). *Redistribution or Recognition: A Political-Philosophical Exchange*. Verso.

Fricker, Miranda (2007). *Epistemic Injustice*. Oxford University Press.

Gautier, David (1986). *Morals by Agreement*. Oxford University Press.

Handley, P. (2003). "Theorising Disability: Beyond Common Sense." *Politics* Vol. 23(2).

Kahane, Guy and Julian Savulescu (2009). "The Welfarist Account of Disability." In Kimberley Brownlee and Adam Cureton (eds.), *Disability and Disadvantage*. Oxford University Press.

Kaplan, Deborah (2000). "The Definition of Disability: Perspective of the Disability Community." *Journal of Health Care Law & Policy* Vol. 3(2).

Kittay, Eva Feder (1999). *Love's Labor: Essays on Women, Equality, and Dependency*. Routeledge.

McMahan, Jeff (2010). "Cognitive Disability and Cognitive Enhancement." In Kittay, Eva Feder and Licia Carlson (eds.), *Cognitive Disability and Its Challenge to Moral Philosophy*. Wiley-Blackwell.

Morris, Jenny (1991). *Pride Against Prejudice: Personal Politics of Disability*. Women's Press.

Nussbaum, Martha (2000). *Women and Human Development: The Capabilities Approach*. Cambridge University Press.

Nussbaum, Martha (2003). "Capabilities as Fundamental Entitlements: Sen and Social Justice." *Feminist Economics* Vol. 9(2-3).

Nussbaum, Martha (2006). *Frontiers of Justice*. Cambridge University Press.

Nussbaum, Martha (2010). "The Capabilities of People with Cognitive Disabilities."

In Kittay, Eva Feder and Licia Carlson (eds.), *Cognitive Disability and Its Challenge to Moral Philosophy*. Wiley–Blackwell.

Pfeiffer, David (2001). "'Disabled Lives' – a commentary." Ragged Edge online: Issue 5. (http://www.raggededgemagazine.com/0901/0901pfeiffer.htm)

Pogge, Thomas (2002). "Can the Capability Approach be justified?" *Philosophical Topics* Vol. 30(2).

Rawls, John (1971/1999). *A Theory of Justice*. Harvard University Press.

Rawls, John (1993). *Political Liberalism*. Columbia University Press.

Sen, Amartya (1979/1980). "Equality of What?". In S. McMurrin (ed.), *The Tanner Lectures on Human Values*. University of Utah Press.

Sen, Amartya (1999). *Development as Freedom*. Knopf.

Sen, Amartya (2009). *The Idea of Justice*. Harvard University.

Silvers, Anita (1998). "Formal Justice." In Anita Silver, David Wasserman, Mary Mahowald (eds.), *Disability, Difference, Discrimination: Perspectives on Justice in Bioethics and Public Policy*. Rowman&Littlefield Publishers.

Silvers, Antian and Leslie Pickering Francis (2005). "Justice through Trust: Disability and the 'Outlier Problem' in Social Contract Theory." *Ethics* 116.

Smith, Steven (2001). "Distorted ideals: the "problem of dependency" and the mythology of independent living." *Social Theory and Practice* Vol. 27(4).

Terzi, Lorella (2004). "The Social Model of Disability: A Philosophical Critique," *Journal of Applied Philosophy* Vol. 23(2).

Terzi, Lorella (2009). "Vagaries of the Natural Lottery? Human Diversity, Disability, and Justice: A Capability Perspective." In Kimberley Brownlee and Adam Cureton (eds.), *Disability and Disadvantage*. Oxford University Press.

Veatch, Robert (1986). *The Foundation of Justice: Why the Retarded and the Rest of Us Have Claims to Equality*. Oxford University Press.

Wasserman, David (2006). "Disability, capability and thresholds for distributive justice," In Alexander Kaufman (ed.), *Capability equality: basic issues and problems*. Routledge.

Young, Irish (1997). "Asymmetrical Reciprocity: On Moral Respect, Wonder, and Enlarged Thought." *Constellations* Vol. 3(3).

장애와 의료기술의 관계에 대한 윤리적 성찰[*]

추 정 완

I. 서론

일반적으로 우리가 과학기술에 기대하는 것은 인류에 대한 공헌일 것
이다. 실제로 과학기술은 역사적으로 다양한 영역에서 인류 보편의 삶
을 개선하는 데 많이 기여해 왔다. 그러나 때때로 과학기술은 의도하지
않은 부정적인 결과를 낳기도 한다. 이에 대해 혹자들은 인간의 무지와
오남용에서 비롯된 부정적인 결과를 열거하면서, 과학기술은 가치중립
적인 대상이라거나 과학기술 그 자체는 규범적 가치평가와 독립된 영
역이라고 주장하기도 한다. 이것은 마치 칼은 잘못이 없고 나쁜 용도로
칼을 사용한 사람이 문제라는 것과 같다. 누군가가 이러한 방식으로 과
학기술의 이용을 평가한다면, 과학기술의 적용 과정에서 발생하는 문

[*] 이 글은 다음 논문을 수정하고 보완한 것이다. 추정완, 「장애와 의료 기술의 관계에 대한
윤리적 성찰: 의료적 치료 중심에서 사회 정의의 관점으로」, 『윤리연구』 제105호(한국윤
리학회, 2015).

제는 대부분 인간의 무지나 오남용에 그 주된 원인이 있을지도 모른다.

하지만 처음부터 칼을 제작하는 사람이 그 쓰임새를 고려하면서도 안전한 칼을 디자인할 수 있는 것처럼, 우리는 과학기술의 성과물을 평가하면서도 동시에 그러한 성과물을 만든 연구자의 의도나 계획에 대해서도 나름의 평가를 할 수 있을 것 같다. 어떤 식으로든 구현된 과학기술의 성과물은 그것의 계획단계부터 연구자나 기술자의 의도가 직간접적으로 개입된다. 그래서 우리는 이들의 의도나 계획의 적절성에 대해서 원천적으로 평가할 수 있다. 만약 불순한 의도로 과학기술을 이용하여 인류에게 해로운 것을 만들거나 계획단계의 부주의로 인해 이용과정에서 잦은 사고를 유발하는 어떤 결과물을 만들어낸다면, 그 연구자나 제작자는 자신이 만든 결과물에 책임이 있기 때문이다. 이처럼 무언가를 개발하는 사람이 지닌 의도는 그가 만들고자 하는 또는 만든 결과물에 반영되어 있다는 점에서, 우리는 그 결과물을 평가할 때 개발자의 의도도 함께 평가할 수 있는 것이다.

그런데 개발자의 의도나 계획을 어떻게, 그리고 얼마나 객관적으로 평가할 수 있을까? 이러한 과제는 우리를 고민스럽게 하는 또 다른 문제이다. 왜냐하면 과학기술의 개발과 활용에 대한 평가는 해당 기술의 입안자 외에도 그러한 과학기술을 활용하고자 하는 특정한 사회 일반에 공유된 문화적, 경제적, 윤리적 틀에 따라 다를 수 있기 때문이다. 다만 여기서 우리는 과학기술의 결과물에 대한 평가가 단지 그 결과물의 이용뿐만 아니라 그것의 기획과 결과물에 이르는 과정에서 진행된 세세한 단계에 대해서도 필요할 수 있음을 확인하는 것이다. 과학기술의 목적은 인류를 위한 가치에 부합해야 하기 때문이다.

이러한 점에서 윤리학은 인류 공통의 보편적 가치에 부합하는 것이 과연 무엇이며, 그러한 과제를 어떻게 실천하는 것이 바람직한지 탐구한다. 그래서 윤리학은 인간의 행위에 대한 규범적 원리를 제시하는 이론적 기준과 도덕적 행위자로서 인간의 도덕적 품성을 연구해 왔다. 비록 근래 응용윤리의 분야들이 현대사회에서 제기되는 특정 영역이 지닌 윤리적 과제의 특수성에 집중하는 경향을 보이는 측면이 있기는 하지만, 윤리학 일반의 규범이나 문제의식과 여러 응용윤리 영역에서 논의되는 윤리적 과제의 접근 방식은 근본적으로 다르지 않다. 윤리적인 문제의식의 출발점은, 표면적으로 드러나는 구체적인 영역이나 양상이 다를 수는 있겠지만, 존엄한 인간의 가치를 지키는 것이다. 이러한 맥락에서 다양한 윤리학적 논의가 전개되는 오늘날 (우리 사회의식의 성숙과 인간 존중에 대한 의식 개선에 발맞춰) 여러 윤리학적 논의 중에서도 주목받는 과제는 사회적으로 불공정한 대우를 받는 여성, 외국인, 장애인 등과 같은 사회적 소수자에 대한 도덕적 고려 문제라고 할 수 있다. 따라서 장애인에 대한 처우 개선의 과제는 다양한 영역에서 시도되고 있다. 우리 사회만 보더라도 법률과 제도의 개선에 대한 목소리가 높아지고 있으며, 실제로 장애인 복지에 대한 예산이 확대되거나 장애인의 생활 편의를 위한 디자인 개선 등 다양한 노력이 시도되고 있다.

생명과학과 의료기술 그리고 이와 관련된 윤리적 논의 또한 장애를 중요한 과제로 삼고 있다. 누구나 인류의 건강과 생명을 위한 생명과학과 관련 기술의 혜택을 기대하며, 실제로 생명과학과 관련 기술은 인류의 삶에 큰 역할을 해왔다. 그러나 장애를 바라보는 관점은 의학적 개선 또는 극복 과제로 인식되는 경우가 크며, 따라서 때때로 생명과학기술의 적용에 있어 장애인과 비장애인에 대한 편견이 개입될 여지는 적지 않다. 이렇게 질문해 보자. 비장애인이 기대하는 생명과학 및 의료

기술의 성과와 장애인이 기대하는 그 성과는 같은 것일까? 아니면 다른 것일까? 만약 동일한 것이 아니라면 우리 사회가 우선 연구하고 개발해야 할 과제는 누구를 대상으로 한 것이어야 할까? 비장애인들의 질병 극복 또는 건강 개선 또는 향상인가? 아니면 더 많은 고통을 받는 장애인의 삶의 개선인가? 물론 여기서 이러한 질문에 대한 답을 내릴 수는 없다. 왜냐하면 이러한 질문에 답하기 위해서는 생명과학기술의 성과의 범위나 이와 관련한 경제적 비용과 효용 등 다양한 변수들에 대한 의견을 먼저 합의해야 하기 때문이다. 또한 이러한 질문에 답하려면, 과연 장애가 무엇이며, 우리 사회가 현실적으로 장애인을 어떤 시각으로 바라보고 있는지 등과 사회적 인식 수준에 대한 점검이 사전에 필요할 수 있다.

이상과 같은 입장을 전제로, 이 글에서는 장애의 의미를 검토해 보고, 장애인 또는 장애 문제를 대상으로 한 생명과학과 의료기술의 개입이 지닌 생명윤리학적 의미와 필요성을 검토해 보고자 한다. 이러한 목적에 따라 2장에서는 기존의 장애 개념에 대한 이해를 공유하기 위해 장애를 개인적인 문제로 간주하면서 일종의 치료나 교정의 대상으로 삼는 의료적 모델(medical model)을 검토하고, 이와 대조적으로 장애와 장애인에 대한 시각을 사회적 차원으로 확대하여 장애인을 과거보다 정의롭고 인도적인 관점에서 대우하도록 요청하는 사회적 모델(social model)의 의미를 탐색할 것이다. 이어지는 3장에서는 성감별에 근거한 낙태와 태아의 장애진단에 근거한 낙태 사례를 비교함으로써 의료적 모델이 지닌 한계를 검토하고, 이것이 지닌 부당성을 확인하고자 한다.

II. 장애의 생명윤리학적 이해

1. 장애의 의미

국어사전에서 장애는 '신체 기관이 본래의 제 기능을 하지 못하거나 정신 능력에 결함이 있는 상태'로 정의된다. 그러나 장애(disabilities)로 인한 증상은 팔과 다리와 같은 신체 기관과 감각 기능의 선천적인 부재 또는 후천적으로 발생한 우연적 결손, 다발성 경화증과 같은 신경 이상, 동맥경화와 같은 만성 질환, 기억 또는 계산능력과 같은 인지 기능의 제한, 정신 이상 등 매우 다양하다. 따라서 우리가 어떤 하나의 증상으로 장애를 정의 내리기는 어렵겠지만, 우리는 장애를 인간의 신체적, 심리적, 해부학적 비정상 구조 또는 기능의 영구적 또는 일시적 결손(impairment)을 의미하는 좁은 의미의 장애와 이러한 결손 상태로 발생하는 전반적인 생활의 제약(limitation)을 포괄하는 넓은 의미의 장애로 구분하여 이해할 수 있을 것 같다(Lafollete 2013: 1373).

장애의 개념 규정이 명확하다면, 모든 장애를 구체적 기준에 따라 판정할 수 있을 것이다. 그러나 장애의 판정 대상이 되는 질병이나 신체 또는 정신의 결손 정도, 증상의 심각성과 지속 정도 등에 따라 장애의 양상은 각각 다르게 나타나며, 그러한 이유에서 장애 진단에는 많은 어려움이 따른다. 특히 넓은 의미에서 사회생활 전반에서 겪게 되는 어려움을 일종의 장애로 간주할 경우, 그 고려 범위가 확대됨으로 인해 장애 판정의 과제는 더욱 어려워질 수 있다.

한편, 우리가 어떠한 관점으로 장애를 바라보는가에 따라서 장애는 개인적 문제일 수도 있고 사회적 차원의 문제일 수도 있다. 만약 우리가 어떤 개인의 생활상 겪는 어려움을 장애로 규정한다면, 장애 문제는 장애인의 의학적인 불편이나 의료비용 등에 관한 문제 또는 유사한 장애 문제를 공유하는 장애인들의 권리 확보에 관한 논의로 국한될 수 있다. 이와 대조적으로 사회적 차원에서 장애 문제를 본다면, 우리는 우리 사회를 구성하는 공동체 구성원 가운데 일부로 장애인을 상정하고, 비장애인이 장애인과 함께 살아가는 공동의 과제로 장애 문제를 생각해 볼 수도 있다. 이러한 경우에 우리가 어떤 관점을 취하느냐에 따라서 경제적, 정치적 처방은 달라질 것이다.

이처럼 장애는 장애 그 자체에 대한 일률적인 기준을 설정하기 어렵고 어떤 관점으로 장애를 고민하느냐에 따라 장애를 논의하는 양상은 다를 수 있다. 비록 장애와 관련된 윤리적 고려 사항이 적지 않고 복잡한 논의가 내재해 있기는 하지만, 장애 개념을 구분해 보고자 하는 시도가 없었던 것은 아니다. 가령 페니(J. Penney)는 장애에 대한 정의의 특징을 크게 의학적·개인적인 관점, 초인간적인 관점, 사회 정의의 관점 등 세 가지로 정리하였다(Penney 2002: 83-115).

먼저 의학적·개인적인 관점(medical individual perspective)에서는 장애인을 정상인의 범주에서 벗어난 결함을 지닌 대상으로 간주하고, 의학기술 개발의 초점을 장애인들이 지닌 장애 문제를 의학적으로 개선하는 데 두는 것이다.

두 번째로 초인간적인 관점(trans-humanist perspective)은 모든 인간을 의학적 교정 또는 개선으로 바라보는 것이다. 이것은 누군가를 개선의 대상으로 바라본다는 점에서 의학적·개인적인 관점과 유사하지만, 이러한 관점에서는 장애인뿐만 아니라 정상인을 포함한 모든 사람을 일종의 교정 또는 개선의 대상으로 삼아 현재 인간이 지닌 신체 능력을 초과하는 기능적인 향상을 강조하는 관점이라고 할 수 있다.

의학적·개인적인 관점과 초인간적인 관점은 공통적으로 인간 신체의 기능적 기대 수준(능력)을 가정한 후에 비장애인이나 장애인의 신체 능력을 진단하고 평가하는 접근법을 취한다. 따라서 초인간적인 관점에서 비장애인은 때에 따라서 기능적 측면에서 개선이 필요한 대상으로 간주될 수 있는 것이다.

의학적 개입을 통한 개인적인 불편 해소나 기능 개선 등을 주요 과제로 삼는 위의 두 가지 관점과 다르게, 사회 정의의 관점(social justice perspective)은 신체 기능상 필요에 집중하기보다는 장애 그 자체를 어떤 문제로 여기는 태도에 주목하여 장애에 대한 편견을 제거하고자 하는 의식과 제도적인 관점의 변화를 강조한다. 따라서 사회적 관점에서는 장애 상태의 의학적 또는 기능적 개선 외에도 신체적인 결손 등을 지닌 장애인에 대한 사회적 의식의 개선과 장애인에 대한 사회적 처우 개선 등 사회 전반의 적극적인 지원과 의식변화를 요구한다. 왜냐하면 특정한 정상기준에 따라 신체 기능 개선에 대한 기대목표에 대비된 어떤 부족 상태로 장애를 평가한다면, 장애인이 지닌 기본적인 인권에 관한 논의는 차별적인 시선이 전제된 상태로 진행될 가능성이 있기 때문이다. 그래서 우리 사회가 필요로 하는 것은 (장애인을 포함해서 서로 다른 신체 조건을 지닌 다양한 인간으로 구성된) 우리 사회가 공동체의 관점에서 사회 공동체를 구성하는 사람들을 모두 동등하게 존중하고 인정하는 가운데 공동의 과제 중 하나로서 장애 문제에 접근해야 한다는 것이다.

이상과 같이 페니의 구분을 생각해 볼 때, 장애는 우리가 그것을 어떻게 바라보느냐에 따라 단순한 개인의 신체상 결손에 관한 문제일 수 있고, 그렇지 않다면 전 인류의 신체적 향상(enhancement)의 과제가 될 수도 있고, 이도 아니라면 장애인이나 향상 이전의 인간과 향상된 인간을 포함하여 다양한 신체 여건을 지닌 사회 구성원들이 겪고 있는 다양한 어려움과 갈등을 사회적으로 해소해야 할 과제로 생각해 볼 수도 있다.

2. 생명윤리학에서 장애 문제

장애는 단순한 개인의 신체적인 결손 문제에 초점을 맞춘 의학적인 문제로 한정되지 않는다. 장애는 비장애인들 자신의 신체에 대한 개선의 기대와 깊은 관련이 있고, 그러한 인식은 장애인과 비장애인에 대한 처우의 불평등을 낳을 수 있다는 점에서 사회적 문제로 인식될 필요가 있다. 따라서 생명윤리학적인 관점에서 장애에 접근하기 위해서는 장애를 선천적·후천적 신체 기능의 결함 문제에 대한 의료기술적인 접근뿐만 아니라 일반적으로 자신의 신체에 대한 만족 여부나 욕구와 관련된 가치 평가의 관점에서 나누어 살펴볼 필요가 있다. 특히 자기 신체의 기능 등에 대한 기대가 클수록 비장애인의 장애인에 대한 편견은 부정적으로 깊어질 수 있기 때문이다.

그렇다면 생명윤리 이슈 중에서 장애 문제는 어떤 것들과 관련이 있을까? 표면적으로만 보더라도 장애 문제는 전통적인 생명윤리 문제에 있어서 직접적 또는 간접적으로 상당한 비중을 차지하고 있다. 예를 들어, 출생하기 이전에 태아의 건강상태를 진단하는 산전 진단과 그 결과에 따른 신생아의 선택적 치료 또는 치료 유보의 문제, 질병 또는 장애와 관련하여 고통을 호소하는 환자에 대한 의사조력자살의 문제, 정상인과 장애인 사이의 공정한 의료자원의 배분 문제, 장애와 관련한 유전자 진단 및 치료 기술의 이용 문제, 의학연구 일반에 있어서 특정 질병을 지닌 환자 또는 장애인을 대상으로 한 연구의 문제, 인간의 삶의 질에 관한 논의에서 장애를 부정적인 것으로 평가하는 논의 또는 이와 관련된 장기이식에 관한 논의, 생체공학 등 거의 모든 생명과학 영역에서 의료기술이 가정하고 있는 신체 기능에 대한 문제 등에 있어서 장애에 대한 인식은 해당 문제를 진전시키는 데 중요한 가정이 된다는 점에서, 때때로 장애는 그 자체가 해당 문제들을 해결하는 데 방향을 설정하는 중요한 논쟁적 지위를 차지한다.

이렇게 산적한 다양한 생명윤리학적 과제들에도 불구하고, 실제로 장애 문제를 근본적인 대상으로 다루는 윤리학적 연구나 그 성과는 미진한 형편이다. 실제로 생명윤리학계에서 고전처럼 인용되고 있는 비첨과 칠드리스의 '생명윤리 4원칙'은 다양한 생명윤리 과제들을 해결하는 데 있어서 중요한 기능을 하지만, 실제로 그들이 제안한 4원칙의 핵심요소인 자율성, 선행, 해악 금지, 정의의 원칙과 같은 것들은, 근본적으로 장애인을 포함한 인간을 가정하기보다 비장애인을 가정한 보편적인 윤리 기준을 제공한다. 이들이 제시하는 원칙 중심적인 관점의 일반적인 한계는 그러한 원칙을 활용하는 사람들에게 있어서 그것들을 이해하고 적용하는 방식의 차이를 보일 뿐만 아니라 정상인의 관점에서 정리된 제안이기 때문에, 장애인의 관점에서 보자면, 그러한 4원칙의 내용과 적용 방식은 장애 여부에 따라 때때로 서로 다를 수 있다. 또한 이러한 서로 다른 해석 가능성은 장애인과 비장애인을 대상으로 한 생명과학과 의료기술에 대한 윤리적인 평가에도 유사하게 적용될 수 있으며, 때때로 장애의 문제는 의료기술의 적용 범위를 고려할 때 정상인을 위주로 논의된 후에 추가로 논의되기도 한다.

한편 그간 장애를 생명윤리학에서 중심적인 주제로 다루지 못했던 또 다른 이유를 찾자면, 장애 문제는 국가적 차원의 정치, 제도, 경제적 여건과 깊이 관련되기 때문일 수 있다. 물론 윤리학적 검토나 윤리적 원칙들은 현실보다는 이상을 추구하고 외부의 정치적인 세태나 간섭으로부터 학문적 자유를 구하는 영역으로 이해되기도 하지만, 적어도 국내 생명윤리 논의에서 다뤄지고 있는 주제들은 법률이나 제도적 한계 등의 여건에서 국가적 관행에 의존하는 경향이 많다. 국가적인 관리나 제도 입안의 차원에서 보자면, 다양한 생명윤리와 관련된 논의의 결과 모두를 제도적으로 수용하기는 어려울 수 있다. 게다가 장애와 같이 사회의 특정 대상에게 혜택을 베푸는 정책은 장애나 장애인과 같은 특정 사회 집단을 바라보는 사회의 인식, 그리고 국가 정책의 우선순위에 대한 사회 일반의 요구나 기대 등도 고려해야 하기 때문이다.

이렇듯 장애 문제는 아주 오래된 문제이지만, 제도적으로 무엇인가를 진전하기 위해서는 사전에 풀어야 하는 조건들이 복잡하게 얽혀 있다는 점에서 적극적으로 논의되기 어려운 문제처럼 취급되었던 것 같다. 그래서 비록 장애인에 대한 일반적인 배려에 관한 윤리적 주장이 없는 것은 아니지만, 장애 그 자체는 생명윤리 연구 분야의 독립적인 주제로서 확고한 자리를 잡지 못한 상황이라고 할 수 있다. 우리에게 장애는 아주 오래되고 중요한 문제지만, 생명윤리 영역에서는 주로 새로운 의료 분야의 기술적 이슈에 주목하는 경향이 있고, 그래서 장애에 관한 논의는 뒷전에 밀리기 일쑤였다. 장애 문제는 생명윤리학에서 진지하게 다뤄진 적도 없이 그저 피하고 싶은 불편한 주제, 장애인들의 문제로 간주되는 경향이 있었다.

우리 사회에서 생명과학과 의료기술의 연구 개발이나 보건 의료 체계는 생명윤리학의 다양한 의견을 수렴하면서도 해당 분야에 영향을 받는 당사자(수혜자)들과 협업하는 분야여야 한다. 그러나 앞서 살펴본 것처럼, 우리가 장애를 주제로 한 윤리적인 논의를 진전시키기 위해서는 먼저 현실적으로 장애에 관한 기존의 논의가 매우 제한적 수준에서 진행되었으며, 장애인을 위한 제도 입안 과정에 여러 제한 요소가 작동할 수 있으며, 장애에 대한 사회적 편견이 존재할 수 있음을 인정해야 한다. 게다가 국가나 정책 당국자들의 관행은 관리의 수월성이 우선시되는 경우가 적지 않고, 때때로 정책 선정의 원칙에서는 다수의 견해가 옳다고 하는 (근거 없는) 믿음에 근거하여 사회적인 편견을 수용하는 결과를 낳을 수 있음도 확인해야 한다.

III. 장애를 의료적 교정의 대상으로 보는 문제

1. 장애를 의료적 교정의 대상으로 보는 문제

전통적으로 장애 개념은 의학적 차원에서 언급되는 손상(impairments), 질병(diseases), 결함(defects) 등과 동의어로 사용되거나 상호 밀접한 연관성을 지닌 것으로 이해된다. 이러한 관점은 흔히 질병에 대한 적절한 치료, 인공 팔과 다리, 인공 망막 혹은 인공 귀와 같은 것들을 활용하여 장애인의 선천적 또는 후천적으로 손상된 신체를 보완하거나 신체의 정상 기능을 회복할 수 있도록 돕는 것을 말한다. 이러한 장애인에 대한 의료적 개선의 관점은 주로 의료적 모델(medial model)로도 불리며, 이러한 의료적 모델에서는 장애를 개인의 비극 또는 건강 이상으로부터 초래된 생물학적 산물로 보고, 장애자를 위해 제공되는 의료적 보호와 치료를 그 중심 과제로 본다(조한진 2011). 이러한 관점에 따라 의료

기술은 장애인의 재활을 돕고 만성 장애를 교정하여 정상인과 동등한 사회생활을 할 수 있도록 지원하며, 그 효과 또한 적지 않다(Terzi 2004: 141-157).

그러나 의료적 모델이 가정하고 있는 장애에 대한 인식에 아쉬움이 없는 것은 아니다. 치료적 접근을 취하는 전제는 장애가 인간의 정상적인 형태나 기능의 범주를 벗어난 것으로 생각한다는 점이다. 이것은 암묵적으로 정상인과 비교할 때 장애인의 신체 상태를 부정적인 것으로 이해하고, 장애를 교정과 개선의 대상으로 보는 한계를 지니고 있기 때문이다. 이와 같은 관점은 의학기술의 발전과 그 성과에 기인한 점이 있기는 하지만, 장애에 대한 부정적인 인식은 여러 논의에서 당연한 전제처럼 수용되고 있다.

장애로 인한 어려움을 개선하는 것은 윤리적인 방향과 일치한다. 그러나 장애인이나 장애 상태를 부정적으로 바라보는 것을 윤리적인 시선이라고 할 수는 없다. 의료적 모델에 근거한 사례들은 때때로 장애에 대한 부정적 인식을 어떤 정해진 가정처럼 다루는 경우가 많고, 그래서 장애와 관련한 논의는 정작 장애를 어떻게 바라볼 것인가에 대한 논의를 생략한 채, 의료기술 적용 과정에서 발생 가능한 위험이나 부작용, 비용과 편익의 분배 등과 같은 문제만을 다룬다.

한편, 이러한 문제는 오늘날 첨단 생명공학의 영역에서도 유사한 방식으로 드러난다. 최근 생명윤리 담론에서 고민해야 할 만한 사례 중 하나는 유전자 기술과 나노 기술 등으로부터 제기된 윤리적 문제다. 유전자 기술을 의료 분야에 접목하고자 하는 사람들은 인간의 선천적 고통과 불편 예방을 목적으로 한다면, 이른바 '유전적 결함과 구속'으로부터 자유(genomic freedom)를 제공하는 유전자 기술 개발이 정당하다고 주장한다. 또한 일부 나노 기술 연구자들은 이른바 인간의 형태적 자유 (morphologic freedom)를 주장하면서 (인간의 신체에 인공 신경 삽입 등을 통해) 머지않아 나노 기술이 개발되면, 인체의 물리적 구속으로부터 인간이 훨씬 더 자유로워질 수 있다고 주장하기도 한다(Wolbring 2003: 175-178). 그런데 우리가 이러한 낙관적인 주장들에 대해서 고려해야 할 것은, 인간의 '신체적 결함이나 신체의 물리적 구속으로부터의 자유'에 대한 기대가 클수록 그것이 목표로 하는 수준에 따라 기존의 비교 대상이 되는 평범한 신체나 장애를 지닌 신체 조건은 더욱 부정적인 것으로 인식될 수 있다는 점이다.

실제로 이러한 예상은 기존의 생명윤리 담론에서도 이와 유사한 양상을 찾아볼 수 있다. 가령, 죽음에 관한 논의에서 질병과 장애로부터 고통받는 환자에 대한 '의사조력자살'이나 장애 진단을 통한 낙태를 지지하는 논거 중 하나는 바로 심각한 고통의 경험으로부터 단절이 필요하다는 것에 있다. 이러한 관점에 따르자면, 고통과 장애는 교정해야 할 대상이고, 새로운 의학적 시도는 이러한 맥락에서 제안되어야 한다는 것이다. 하지만 이러한 관점을 장애인들이 수용하기에는 어딘지 모를 불편함이 있다. 이러한 관점은 마치 장애에 대한 사회적인 편견의 고착화일 뿐만 아니라 장애인에 대한 사회적 위협으로 여겨질 수 있기 때문이다.

이러한 문제를 확장해 볼 때, 우리는 장애 문제를 다루면서 그 주체인 장애인의 목소리를 듣고 그들의 주장을 존중하기보다는 그들을 의학적 교정의 대상으로 삼고 일방적인 시혜를 받는 집단으로 가정하지 않는지 생각해 보아야 한다. 만약 장애가 윤리적으로 큰 관심을 쏟아야 하는 영역이고, 당사자인 장애인들을 중심으로 논의를 전개해야 한다는 점을 인정한다면, 의료기술과 관련한 생명윤리 논의에서 장애인들의 의견은 사회 정책 전반에 적극적으로 반영될 필요가 있다. 그 어떤 문제가 문제의 당사자를 주변에 밀어 놓고 올바른 해결책을 찾을 수 있을 것이며, 그러한 논의 결과가 당사자들에게 어떤 의미를 지닐 수 있겠는가? 장애와 장애인에 대한 문제를 단순하게 일방적인 교정의 대상으로 접근해서는 곤란하다. 장애 그 자체는 장애인 스스로 자신에 대해서 느끼는 인식과 장애인을 대하는 다른 사람의 인식 사이에 큰 차이에서부터 문제의 해법을 모색해야 한다. 그래서 장애인과 비장애인이 장애에 대해서 가지고 있는 서로 다른 관점에 대해서 밀접하게 소통하고 그 차이를 좁혀 나가야 한다. 그렇다고 해서 장애인을 장애와 관련한 논의의 중심으로 참여시킨다는 것을 과도하게 확대해석하여, 장애인들의 입장을 모두 수용하거나 그들이 제기하는 요구를 모두 관철할 수는 없을 것이다.

장애인에 관한 많은 문제는 장애인 스스로 해결할 수 있는 것도 있다. 그러나 장애인들의 노력만으로 해결할 수 없는 많은 문제는 사회적 의식의 전환이 전제된 가운데 해법을 모색할 수 있는 것들이다. 장애 문제를 오로지 의료적 모델로 접근한다거나 기존 의료적 교정에 집중하여 장애인을 교정의 대상으로 보거나 장애인과 직결된 중요 사항에 대해 장애인을 직접적 참여자가 아닌 소극적 수혜자의 지위로 격하시킨다면, 장애인에 대한 문제는 해소되기 어렵다. 이를 해결하기 위해서는 학계나 관련 정책 입안자와 정부, 그리고 시민 사회단체 등을 통해 사전에 충분히 해당 과제를 논의해야 하며, 장애인들과도 다양한 의견 절충의 과정이 필요하다.

2. 태아의 성감별과 장애 진단의 비교

본 절에서는 장애에 대한 의료적 관점이 지닌 문제를 성감별(sex selection)에 따른 선택적 낙태 문제와 비교하여 장애에 대한 의료적 관점이 지닌 문제점을 검토해 보고자 한다. 성감별에 따른 선택적 낙태는 산전 진단을 통한 장애아의 선택적 낙태와 매우 유사한 과정을 거치기 때문이다. 과거 남아선호의 풍조가 있었던 시절에 출생할 아이의 특정 성별에 대한 부모의 선호나 비선호는 낙태의 주요한 원인 중 하나였다. 이처럼 장애아에 대한 낙태 결정은 특정 성별에 대한 비선호와 같이 부정적인 인식에 근거한 것이라고 할 수 있다. 이러한 문제는 근래 영미 생명윤리학계에서 제기된 것으로(Asch & Parens 2000: 28-45), 성감별에 따른 낙태처럼 태아의 산전 진단을 통한 선택적 낙태 문제는 장애에 대한 부정적인 인식이 전제된 것이기 때문에 이들의 비교는 중요한 시사점을 제공하는 영역이다. 남아선호로 인하여 출생할 아이를 선택하는 문제는 인류 역사에 있어서 상당히 오래된 것이었지만, 출생 이후에 장애 등을 이유로 태아의 건강상태를 진단하여 낙태하는 방식뿐만 아니라 최근에는 더 건강한 아이를 얻기 위해 생식세포와 배아 수준에서 선별과 진단 등을 거치는 선택적 출산이 시도되고 있다.

부모가 특정한 성별의 아이를 선호하는 문제와 관련한 기존의 연구를 보면, 중국이나 인도 등에서는 남아선호 현상이 비교적 최근까지 크게 발생하였고, 여성에 대한 편견이 상대적으로 적다고 알려진 선진국들조차 출생할 아이의 건강과 성별에 대한 관심은 적지 않은 것으로 나타나고 있다(Wertz & Fletcher 1998: 255-273). 이러한 것들을 종합할 때 그 이유가 남아선호이건, 특정 성별의 아이에 대한 선호이건, 자녀의 성비 균형이건 간에 관계없이 이미 부모가 아이의 특정한 성별을 원한다는 사실에는 변함이 없는 것 같다.

그러나 과거의 비윤리적인 관행 등과는 다르게, 오늘날 낙태는 대체로 출생 직후 사망할 가능성 등 심각한 의학적인 이유를 제외하면 법으로 금지되고 있다. 우리나라도 모자보건법에서 제시한 조건들을 제외한 다른 어떤 이유로 낙태를 하는 것은 엄연히 불법이며, 이러한 법적 경향은 전 세계적인 추세이다. 실제로 성감별을 금지하는 국제적인 규정들은 적지 않다. 세계보건기구의 생명윤리 가이드라인(WHO 1999)은 단정적으로 '성별은 질병이 아니'라고 말하고 있으며, 유럽위원회의 규정 14조(1997)는 "미래 아이의 성별을 선택할 목적으로 의학기술을 이용하는 것은 허용되지 않는다."라고 명시하고 있다. 성감별을 금지하는 경향은 사회적으로나 윤리적으로 바람직하다고 할 수 있다. 그런데 성감별을 금지하는 법적 인식을 고려하면, 우리는 장애 문제에 대해서 몇 가지 의문점을 갖게 된다.

첫 번째로 제기할 수 있는 의문은 과연 '성감별 금지 요구 근거가 출생 전 인간의 신체적 · 정신적 능력의 선택 금지 요구에도 타당한 것인가?' 하는 것이다. 만약 태아의 성별을 선택하여 태아의 출생 여부를 결정하는 것이 불법적이고 비윤리적이라면, 태아의 장애 여부에 따라 태아의 출생 여부를 결정하는 것은 불법적이거나 비윤리적인 것은 아닌가? 이러한 질문을 제기하기 위해서는 먼저 성감별과 장애 진단이 동등한 수준의 문제인가를 검토해 볼 필요가 있다. 기본적인 전제에 있어서 문제의 본질적 차이는 "성별"의 차이와 "장애아와 정상아라는 건강상태"의 차이라고 해두자. 그렇다면 성별의 차이를 이유로 낙태를 하는 것과 건강상태의 차이를 이유로 낙태를 하는 것 중에서 어느 것이 더 그른 것인가? 물론 건강한 상태라는 조건이 확인된 경우에 성감별을 통해 낙태를 정당화할 수 없다는 점에서, 건강상태만을 문제 삼는 것은 또 다른 차원의 논의가 될 수 있다. 그러나 여기서 우리가 주목해야 하는 것은 태아의 출생 여부에 부모의 선택이 개입된다는 점이며, 이때 부모가 낙태를 결정하는 근거가 출생 이후 아이가 살아갈 사회를 고려한 것임을 생각해 보고자 한다.

태아의 낙태 여부 판단에는 장차 태어날 자식에 대한 부모의 선호나 태어나서 살아가야 할 아이에 대한 사회적 평가가 개입할 수 있다. 부모는 첫째가 아들이기 때문에 둘째는 딸을 선호할 수 있고, 사회적으로 여성이 공정한 대접을 받지 못하기 때문에 아들을 선호할 수 있으며, 아이가 선천적인 장애를 지니고 태어나서 추후 자신의 신체 활동에 불편을 겪거나 주변 사람들로부터 따돌림을 당하거나 차별받는 것을 염려해서 아이의 출생을 막을 수 있다. 건강한 부모는 대체로 건강한 아이를 원할 것이지만, 건강한 부모도 장애를 지닌 아이를 출산할 수 있다. 마찬가지로 장애를 지닌 부부가 장래 그들의 아이를 낳고자 할 때 장애를 지닌 아이를 낳을 가능성이 있으므로 낳지 말아야 한다고 강제할 수는 없을 것이다. 일례로 미국에서는 청각 장애를 지닌 두 명의 레즈비언 커플이 그들과 똑같은 경험을 공유할 수 있는 청각 장애 아이를 낳고 싶은 마음에, 5대째 청각 장애를 지닌 사람의 생식세포를 기증받아 청각 장애 아이를 낳아서 사회적 관심을 끌기도 하였다. 당시 많은 사람은 이들을 비난했다. 하지만 부모는 자신들의 행동이 마치 '흑인이 사회적 차별을 받는다고 하더라도, 흑인들이 인공 수정을 할 때, 백인보다 흑인의 생식세포를 선호하는 것과 같다'라고 항변했다. 이러한 예는 흔하지 않고, 하물며 많은 사람이 선호하는 결과가 아닐 수 있다. 그러나 태아의 성감별과 산전 진단의 문제에서 부모의 선택에는 자녀의 특정한 성별이나 건강상태를 염려하게 만드는 사회적 이유, 즉 사회가 특정한 성별의 아이를 어떻게 대우하고 있는가가 중요한 요소로 작용한다. 그렇다면 장애아의 경우 부모의 선호에 영향을 미치는 요소 역시 우리 사회가 장애인을 어떻게 대우하고 있는가와 관련되는 것은 아닐까? 어느 부모건 자식의 안위를 걱정하지 않는 부모는 없을 것인데, 후대에 자녀들이 생활해야 하는 사회의 평가는 그들이 자녀의 출산에 특정한 기대나 개입을 하는 원인과 밀접히 관련된 것이다.

두 번째 의문점은 '태아의 성감별을 금지한다고 해서 신생아의 신체나 정신 능력 수준을 선택하거나 장애아 출산을 선택하는 것을 막을 수 있느냐?'는 것이다. 간단히 말해서 부모가 그들이 원하지 않는 성별의 아이는 낳지 않겠다고 결정한다면, 그것은 낙태의 결과를 낳을 것이고, 이러한 결정은 그 자체로 사회적인 성차별의 문제와 연관된다. 게다가 이러한 결정이 많은 부모에게서 일어난다면, 이것은 특정한 성별에 대한 사회적 편견이나 고정관념을 고착화하는 결과를 강화할 수 있다.

이것을 동일한 방식으로 장애 여부에 대한 산전 진단과 그 결과에 근거한 낙태 문제에 적용해 보자. 우리 사회가 장애아의 출생을 원치 않는다는 것은, 사회적 관점에서 장애를 지니고 사는 것이 사회적으로 차별을 당할 가능성이 있는 요소임을 고려하는 것일 수 있을 것이다. 이러한 사회적 평가는 장애에 대한 부정적인 고정관념을 공고화하는 것일 수 있다. 인간의 신체나 정신 능력의 향상은 사회적 관점에서 선호되는 반면 각종 장애는 사회적으로 선호되지 않는 상태라는 것이다. 이와 관련하여 엠네스티의 브라운은 '만일 어떤 사회가 낙태 허용에 합당한 질병들을 사회적으로 인정한다면, 이미 그러한 질병들을 지니고 태어난 사람들에 대한 인권은 그만큼 더 훼손된다.'라고 말한 바 있다. 출생 여부를 결정하는 단계에서 장애아가 회피해야 할 대상처럼 취급된다면, 이러한 현상은 적어도 우리와 이미 함께 살아가고 있는 장애인들에 대한 사회적 처우가 낮고, 동등한 사회 구성원으로 대우받지 못하고 있음을 인정하는 것과 다르지 않다는 뜻이다.

그런데 '특정한 성별을 가진다는 것은 질병이 아니고, 따라서 성감별의 결과가 특정한 질병을 의미하는 것이 아니므로 성감별의 결과를 이유로 낙태를 결정하는 것은 잘못'이라는 입장이 오히려 장애의 문제에 대한 윤리적 검토를 어렵게 할 수도 있다. 성별 그 자체는 장애가 아니고, 그래서 성감별에 따른 낙태와 장애 진단에 근거한 태아의 낙태 결정은 다른 범주의 논의로 이해될 수 있기 때문이다. 그러나 이러한 생각은 의학적 관점에서 장애나 질병을 바라보는 우리의 고정관념일 수 있다. 왜냐하면 건강과 질병에 대한 우리의 인식은 그다지 명확한 것이 아니기 때문이다.

누구나 건강하게 살기 바란다. 그렇다면 건강하다는 것은 무엇을 의미하는가? 세계보건기구(WHO 1948)는 건강을 '신체적, 정신적, 사회적으로 완전히 양호한 상태이며, 단지 질병이나 허약함이 없는 상태만을 뜻하지는 않는다.'라고 정의한다. 건강이란 그 자체가 실질적이고 적극적인 개념이기는 하지만, 온전한 의미의 완전한 건강상태는 때때로 비현실적인 이상일 수 있다.

건강과 대비해 볼 때, 질병도 간단히 정의될 수 없는 측면이 있다. 예를 들어, 안경을 쓰는 사람은 질병을 겪고 있는 것인가? 시력이 나쁜 사람은 장애인인가? 안경이 없던 시절에 저시력자는 장애인으로 분류되었을지 모른다. 그러나 오늘날 안경을 착용하는 사람들을 장애인이나 환자라고 부르지는 않는다. 질병에 대한 개념 규정은 의학적 여건뿐만 아니라 사회적 인식에 따라 변할 수 있다. 또 다른 예를 들어 보자. 오늘날 우리 사회에 부담으로 등장한 난임의 문제를 생각해 보자. 난임은 질병인가, 아니면 질병이 아닌가? 만약에 자신의 생식 능력에 문제가 있어서 불임인 여성이 스스로 출산을 고려하지 않고 살아간다면, 그 여성은 건강한 여성인가, 아니면 건강하지 않은 여성인가? 질병은 현재 자신의 신체 기능과 상태가 어떠어떠하다고 하는 의학적 사실에 기초하는 것이기는 하지만, 질병은 특정한 신체적 불편을 겪고 있는 사람이 주관적으로 그것을 어떻게 인식하는가에 따라 좌우되는 문제일 수 있다. 질병이나 장애는 객관적인 의학적 진단과 사회적인 평가 외에도 그러한 신체 상태에 대한 당사자의 인식이 결합될 때 비로소 질병이나 장애로 규정될 수 있는 것이다. 타인과 비교할 때 나의 신체 상태의 다름이 장애로 나에게 인식되지 않는다면, 장애가 아닐 수 있다는 뜻이다.

이처럼 건강과 질병의 개념이 객관적 기준 외에도 당사자의 주관적 인식에 따라 다르게 규정될 수 있는 것이라면, 장애아의 출산 여부 결정에 대한 논의는 그렇게 간단한 문제가 아니다. 이러한 사항을 고려할 때, 성감별을 통한 낙태가 부적절하다는 합리적 근거는 (출생할 태아의 건강상태를 선결 조건으로 한다기보다) 특성 성별에 대한 사회적 선호 또는 비선호가 바람직하지 않다는 인식에 있는 것이다. 물론 아이의 부모가 건강한 아이를 기대하는 것이 자연스러운 것일 수 있겠으나, 장애 여부에 따라 낙태의 정당성이 확보된다고 볼 수는 없는 것이다.

IV. 사회 정의의 관점에서 장애 생각하기

1. 장애에 대한 사회 정의적 관점이 지닌 의미

2022년 보건복지부 자료에 따르면, 국내 등록 장애인 수는 약 265만 명으로 전체 인구의 약 5.2% 수준을 차지하고 있다. 우리 사회에 이처럼 많은 장애인이 있다는 점을 고려할 때, 우리는 장애와 장애인에 대한 보다 성숙한 이해를 갖출 필요가 있다.

근래 들어, 장애인이 처한 현실을 심도 있게 연구하는 장애학(disabilities study)은 장애에 대한 사회적 편견을 해소하고 장애인의 권리 확보(disability movement) 등에 관한 다양한 연구를 진행(Gill 1999: 279-287)함으로써 장애에 대한 사회적 이해의 폭을 넓히고 있다. 이러한 장애학은 특히 장애에 관한 기존의 부정의하고 편협한 시각을 비판하고 장애인에 대한 동등한 인권과 권리 보호를 강조하고 있다. 이렇듯 장애를 사회 정의적 관점으로 본다는 의미는 장애인이 겪는 다양한 무능력(disablement)의 원인을 사회적 편견과 장애인에 대한 사회 보장의 실패에서 찾고 불공정한 사회적 인식의 개선을 추구한다는 뜻이다. 이러한 관점에서 장애학을 연구하는 사람들은 사회 정의적 차원에서 장애에 대한 인식 개선을 강조하면서, 장애인이 삶을 영위해 나갈 수 없게 만드는(disabling) 사회를 연구하고, 장애를 사회의 총체적 문제로 진단하여 학제적 관점에서 불공정의 시정에 관해서 연구하고, 장애인들에 대한 차별 철폐를 목표로 실천적인 제안을 하며, 억압당하는 장애인을 지지하는 해방적 관점의 연구를 수행한다(김도현 2009: 8-24).

그렇다면 우리 사회는 장애학이 강조하는 사회 정의적 관점을 어느 정도 수용하고 있을까? 안타깝게도 우리 사회에서 장애인들이 차별받고 있다는 사실은 부인하기 어렵다. 장애인은 사회적 빈곤층이나 과거 남성보다 낮은 지위를 강요받았던 여성들과 같이, 여전히 차별받는 소수 집단 중 하나이다. 비록 아직 만족스러운 수준이라고 할 수는 없겠지만, 오늘날 여성의 사회적 지위 향상 노력은 꾸준히 전개되고 있고 그 결과 여성의 사회적 권리 보호는 이전보다 많이 신장되었다. 한편 오늘날 사회 빈곤층 문제도 자발적인 민간 지원뿐만 아니라 각종 제도 보완의 결과 공적 부조 등을 통해 보호받는 영역과 대상을 넓혀 나가고 있다.

물론 사회 경제적 수준이 높아지고 시민적 의식 수준이 향상됨으로 인해 장애인에 대한 처우도 많이 개선되었다. 그러나 장애와 장애인에 대한 우리의 인식은 그다지 크게 변한 것 같지 않다. 장애를 주로 동정적으로만 바라보는 이유를 추측해 보자면, 많은 사람이 장애인의 규모나 비중이 여성이나 빈곤층처럼 크지 않다고 여길 수 있고, 자신과 비교할 때 장애인의 삶에 대해 고민해 본 경험이 없기 때문일 수도 있다. 이유야 어떻든, 우리 사회에서 장애와 장애인에 대한 논의는 여성이나 빈곤층 등을 위한 권리 회복에 관한 논의보다 상대적으로 덜 다뤄진 영역이며, (그러한 영향인지 몰라도) 우리 사회에서는 여전히 장애에 대한 고정관념을 쉽게 발견할 수 있다. 가령, 장애인을 다룬 영화나 문학 작품들 또는 TV에서 장애는 때때로 부적절한 부담으로 다뤄지며, 장애인은 비장애인과 동등한 수준에서 다뤄지기보다는 동정과 연민의 대상으로 그려지기 일쑤다.

이러한 현상은 장애를 근본적으로 바람직하지 않다고 여기는 관점이 사회 곳곳에 투영된 결과일 수 있다. 그런데 앞서 언급한 질병과 건강 개념의 모호성을 되새겨 본다면, 우리는 장애에 대한 고정관념을 버리고 인식의 전환을 할 필요가 있다. 어느 정도 차이는 있을지 몰라도, 그 누구도 신체적으로나 정신적인 장애로부터 자유로운 사람은 없기 때문이다. 누군가는 완전한 자신의 건강상태가 평생 유지되기를 원할 수 있지만, 그러한 기대는 가능한 것이 아니다. 게다가 현재는 장애가 없는 사람이더라도 어느 정도는 건강상의 곤란함을 겪고 있다는 점에서 보면 신체적 제약을 안고 살아간다. 어쩌면 우리는 잠재적인 장애인일 수 있다. 이러한 점을 고려할 때, 장애인과 비장애인을 공정하게 대하는 태도는 무엇보다 중요한 것이라고 할 수 있다.

2. 장애에 대한 사회적 관점 채택이 지닌 윤리학적 가치

생명윤리의 관점으로 장애를 생각하기에 앞서, 우리는 먼저 진화론이 득세하던 시기에 우생학적 관점이 전 인류 사회를 쇄도했던 경험을 상기해 보면 좋을 것 같다. 20세기 초 당시 가장 최신의 생명과학적 결과물이었던 우생학에 열광하던 세계 각국은, 인체 기능의 향상과 이른바 인종개량의 목적으로 단종법(斷種法)을 시행하고, 이를 합리적이며 과학적인 것으로 여겼다. 당시 전 세계 수많은 정신박약자, 알코올 중독자, 다운증후군 환자들이 단종법의 규제 대상이었고, 다수는 비인도적인 대우를 받았다. 특히 당시 장애인은 열등한 존재로 취급받았으며, 그래서 결혼과 출산의 제약을 받는 동시에 사회에서 버려지고 고통받고 심지어 살해되기도 하였다. 다행스럽게도 단종법은 1960년대를 기점으로 대부분 국가에서 폐지되었다. 그러나 우리는 과거 우리 인류가 장애인들을 얼마나 저주받은 인간으로 낙인찍고, 차별하고, 궁지에 내몰았는지 여전히 반성해야 한다.

그런데 과연 오늘날 우리 사회에서 장애인을 위한 처우는 어떠한가? 지난 2011년 보건복지부의 장애인 실태조사 자료에 의하면, 전체 장애인 중 44.7%는 초등학교 졸업 이하의 학력을 지니고 살아가고 있으며, 2014년 결과를 보면 전체 장애인 10명 중 4명은 65세 이상이고, 장애인 가구의 24.3%가 1인 가구이며, 이들이 겪는 우울감 경험 등은 비장애인보다 약 2배 이상 높다고 보고되었다. 한편 과거 2015년 보고된 국가인권위의 '중증장애인 노동실태 조사'에 따르면, 직업 재활 시설에서 일하는 장애인의 월평균 임금은 49만 5천220원이며, 장애인 열 명 중 한 명의 월 급여 수준은 10만 원에도 미치지 못했다. 그렇다면 요즘은 좀 더 나아졌을까? 2022년 보건복지부의 자료에 따르면, 장애인의 경제 활동 참가율(38%)은 전체 인구(65%) 대비 절반 수준이며, 장애인 가구는 전체 가구 대비 70% 수준의 연평균 소득을 얻고 있다. 이것은 장애인들의 경제 활동 여건이 비장애인들보다 열악하다는 점을 알려준다. 아울러 이러한 물질적 어려움 외에도 장애인들은 심리적 고통을 느낀다. 그 이유 중 하나는 우리 사회의 많은 장애인이 여전히 사회적 차별을 느끼고 있기 때문이다. 특히 젊은 장애인들일수록 그들이 사회적 차별을 느낀다고 답한 비율은 더 높게 나타난다(15세~29세 42%, 30세~54세 39%, 55세 이상 25%). 이와 같은 조사 결과를 바라볼 때, 우리 사회에서 장애인의 생활 여건은 비장애인보다 상대적으로 어려운 처지에 있는 것으로 보인다.

일반적으로 윤리적 관점으로 어떤 과제를 검토한다는 것은 주로 관련된 사람들의 보편적인 인권이 잘 보호되고 있는지, 모든 사람이 관련한 사항에서 불공정한 대우를 받고 있는지 살피는 것이라고 한다면, 장애에 관한 윤리적 검토는 장애인의 인권이 잘 보장되고 있는지, 그들이 사회적으로 불공정한 대우를 받고 있지 않은지 잘 살피는 것이다. 따라서 장애에 대한 윤리학적 접근은 이전 장에서 언급한 사회 정의적 관점을 수용한다. 왜냐하면 사회 정의의 관점으로 장애를 바라보는 것은 곧 장애인이 겪는 사회적 차별의 개선을 요구하는 것이기 때문이다.

앞서 우리는 우리 사회에서 장애인이 처한 현실을 몇 가지 수치를 통해 확인할 수 있었다. 우리 사회에서 장애인은 상대적으로 낮은 소득과 적절한 교육을 받지 못함으로 인해 다른 사람들로부터 차별을 받는다고 느낀다. 통계가 증명하는 내용 외에도 장애인을 둘러싼 사회의 불합리한 여건은 장애인에 대한 사회 활동의 직접적인 배제에서 종종 드러난다. 우리 사회에 많은 차별적 요소들이 개선되고 있기는 하지만, 장애인에 대한 간접적인 배제는 이미 비장애인을 가정하고 확립된 사회 여러 영역에서 나타난다. 우리 사회에서 비장애인만을 고려한 각종 규정이나 시설 또는 장애인의 참여를 간접적으로 제한하는 요소들은 여전히 많다.

이러한 점에서 장애인의 처우 개선을 요구하는 사회적 모델(Social Model)은 격리되고 낙인찍힌 소수 그룹으로서 장애인을 차별하는 문제의 개선을 요구하거나 사회 여러 영역에서 의견 불일치로 발생하는 갈등에 직면한 장애인의 활동에 관해 연구한다(Scotch & Kay 1997: 149-159). 물론 이러한 연구 방향은 그 강조점에서 서로 차이를 보일 뿐 장애인의 처우 개선에 관심을 둔다는 점에서는 의견이 같다. 그래서 사회적 모델의 지지자들은 공공 정책에서 만연해 있는 장애인에 대한 오해를 해소하고자 노력한다. 그들은 만성 질병이나 사고로 인한 장애 또는 선천적인 장애가 인생을 영구적으로 망치는 듯한 것으로 바라보는 시선이 바르지 않다고 강조한다. 또한 고립감, 무력감, 빈곤, 실업 등과 같이 장애인들이 경험하는 사회적 처지가 장애로 인한 물리적 제한에 따른 불가피한 결과가 아니라 사회가 장애인들을 그런 처지로 내몰고 있다고 본다. 이러한 맥락에서 사회적 모델의 대표자인 올리버(Michael Oliver)는 "장애 상태(Disablement)는 신체와 아무런 관련도 없다"고 말한다. 실제로 많은 생명윤리 연구자들은 장애인에 대한 복지 수준을 높이는 것이 중요하다고 강조한다. 그러나 건강한 삶의 질에 관한 문제를 강조하면서 장애를 부정적으로 평가하는 일부 연구 등은 장애로 인한 신체적인 결손과 활동의 제약을 부정적으로 묘사하는 경우가 많다. 그래서 장애인을 위한 재활이나 사회 적응 또는 기술의 습득 지원을 하기는 하지만, 장애 그 자체를 부정적으로 보는 인식 문제에 대한 개선 노력은 미진한 형편이다. 그래서 장애인들이 겪는 심리적 차별 문제나 의사소통 또는 사회 경제 활동에서 겪는 제약은 잘 개선되지 않고 있다.

장애인들이 느끼는 불행이나 불만족의 원인은 어쩌면 비장애인들이 겪는 경제적인 고민, 직업의 고민, 대인관계의 고민 등과 별반 다르지 않은 것들도 많다. 그런데 이것보다 근본적으로 이들을 어렵게 하는 것은 사회적 편견에서 비롯된 심리적 장벽에 기인한 차별과 배제인 것이다. 장애인들은 장애를 교정의 대상으로 한정하는 시각이 사회 전반에 굳어 있기 때문에 더 고통을 받는다.

V. 결론

이 글에서는 장애 개념을 전통적인 의학적 모델과 사회 정의적 모델로 구분하고, 생명윤리학에서 장애의 문제가 다양한 생명윤리의 주제들과 관련된 것임을 확인하였다. 특히 신생아 산전 검사로 인한 낙태의 두 가지 사례, 즉 성감별과 장애 진단에 따른 낙태 가능성 사례를 비교해 봄으로써 장애를 바라보는 기존의 부정적인 관점이 지닌 문제를 지적하였다. 성별을 이유로 한 차별이 정당화될 수 없다는 사실이 자명한 것이라면 태아의 장애 진단 여부에 따른 낙태 결정도 차별이라고 볼 수 있지 않은가? 성별에 따른 차별이 부당하다고 인식되기 위해서는 사회적 의식이 그만큼 성숙해야 했다. 마찬가지로 장애아나 장애인에 대한 편견이 해소된다면 장애를 이유로 한 낙태의 부당성도 인식될 수 있으리라 본다. 부당하다면 개선되어야 한다. 선천적인 장애아가 출생 후 사회적으로 차별받거나 성장 과정에서 불합리한 처우를 받을 수 있다는 이유로 낙태를 한다면, 그러한 사회적 여건을 바꿔야 하는 것이 온당하다. 한편, 나는 그간 장애를 의학적인 치료 대상으로 보았던 의료적 모델이 지닌 한계를 제시하고, 이를 극복하기 위해서는 사회 정의의 관점, 즉 사회적 모델이 채택되어야 한다는 점을 밝히고자 하였다. 그래서 장애를 단순히 부정적인 교정 대상으로 삼거나 장애인을 일방적인 지원 대상으로 여기는 기존의 관행 외에도, 장애인에 대한 차별과 배제 같은 편협한 시각에서 벗어나야 한다고 주장하였다.

장애인과 장애에 대한 논의를 깊게 전개하지 못한 한계를 지니고 있지만, 이 글을 통해 내가 기대하는 것은, 우리 사회가 기존의 편협한 이해에서 벗어나 넓은 시각에서 장애를 바라보고, 그간 비장애인의 관점에서 바라본 장애에 대한 편견이 어느 정도 수정되는 계기가 되었으면 하는 것이다. 이러한 점에서 나는 장애인이 겪는 여러 사회적 제약에 관한 사항은 다양한 학문 영역에서 연구해야 할 중요한 과제라고 생각한다. 무엇보다 장애인은 비장애인과 동등한 보편적인 권리를 보장받아야 하는 장애 문제의 당사자들이다. 그러므로 향후 우리 사회는 장애인이 의학기술을 포함한 제반 사회 영역으로부터 그들이 영향받을 가능성이 있는 모든 결정 과정에 그들의 목소리를 경청해야 하며, 장애인이 우리 사회에서 동등한 구성원으로 활동할 수 있도록 그들의 권리를 존중해야 할 것이다.

참고문헌

김도현, 『장애학 함께 읽기』(서울: 그린비, 2009).

윤성우, 「현대 생명의료 윤리학에서의 신체 문제」, 『철학탐구』 제23집(서울: 중앙철학연구소, 2008).

조한진, 「장애학에 대한 재고찰」, 『특수교육저널: 이론과 실천』 제12권 4호(서울: 한국특수교육문제연구소, 2011).

Asch, Adrienne and Parens, Erik (ed.), *Prenatal Testing and Disability Rights* (Washington DC: Georgetown University Press, 2000).

Lafollete, Hugh (ed.), *International Encyclopedia of Bioethics*, Vol. III (New Jersey: Wiley-BlackWell, 2013).

Oliver, Michael, *The polictics of Disablement* (Basingstoke: Macmillan, 1990).

Penney, J., "a Constitution for the Disabled or a Disabled Constitution? Toward a New Approach to Disablilty for the Purposes of Section 15(1)", *Journal of Law and Equality* (January, 2002).

Scotch, Richard K., & Schriner, Kay, "Disability as Human Variation: Implication for Policy", *Annals of the american Academy of Political and Social Science* (January, 1997).

Teather, David, "Lesbian couple have deaf baby by choice", *The Guardian*, http://www.guardian.co.uk/world/2002/apr/08/davidteather (검색일: 2015.11.2.).

Terzi, Lorella, "The Social Model of Disabiliy: A Philosophical Critique", *Journal of Applied Philosophy* (July, 2004).

Wertz, D. C., & Fletcher, J. C., "Ethical and social issues in prenatal sex selection: a survey of geneticists in 37 nations." *Social Science & Medicine* 46 (January, 1998).

Wolbring, Gregor, "Disability Rights Approach Toward Bioethics?", *Journal of Disability Policy Studies* (Winter, 2003).

타자로서 장애인을 위한 정의론의 이론적 기초[*]

조 수 민

1. 들어가며

이 글의 목적은 타자로서 장애인을 위한 정의론이 필수적으로 갖춰야 할 이론적 기초를 제시하는 데 있다. 미리 말하자면, 이 글에서 내가 제시하고자 하는 이론적 기초는 '말하기(telling)'와 '듣기(listening)'다. 즉 장애인이 겪는 부정의를 발견하고 없애기 위한 장애 정의론은 당사자인 장애인이 자신이 겪은 부정의를 직접 말하게 하고, 당사자가 아닌 사람은 이를 경청함으로써 서로 다른 주체들 사이의 연대를 통해 부정의를 해결하는 방향으로 고안되어야 한다는 것이다. 왜냐하면 이러한 이론적 기초가 장애학이나 기존의 장애 정의론에서 드러나는 장애인의 '정체성 배제(identity exclusion)'라는 문제를 해결하는 데 중요한 역할을 할 수 있다고 생각하기 때문이다.

[*] 이 글은 다음 논문을 수정하고 보완한 것이다. 조수민, 「타자로서 장애인을 위한 정의론의 이론적 기초」, 『시대와 철학』 제32권 3호, 한국철학사상연구회, 2021.

여기서 내가 말하는 정체성 배제란, 장애인을 그들이 살아오면서 가지게 된 삶의 내용과 세계에 대한 이해 그리고 이에 기반한 각자만의 정체성을 가진 개별적인 행위 주체로서 인정하지 않고, 비장애인의 관점에서 그들을 그저 도움이 필요한 수동적인 존재로 일반화하는 것을 뜻한다. 가령, 우리 사회에서 장애등급제 폐지를 둘러싼 문제에서 확인할 수 있듯이, 장애인을 위한 정부 정책에 장애인들의 다양한 의사가 제대로 반영되지 않는 것은 정부가 정책 형성 과정에서 장애인의 고유한 목소리를 배제하는 것이며, 이 자체가 당사자인 장애인들에게는 부정의라고 할 수 있다.

이와 관련된 사례로서 국가가 임의로 장애를 등급화하여 각 등급에 맞게 장애인을 지원하던 장애등급제가 지속적인 당사자들의 요구로 2019년 문재인 정부 시절부터 단계적으로 폐지가 되어오고 있으나, 그 대안을 마련하는 과정에서 당사자들 각각이 처한 다채로운 상황을 수용할 수 있는 방식이 미비하여 오히려 등급제 폐지 이전보다 받을 수 있는 지원 서비스가 줄어들었다는 문제가 제기되기도 하였다.[1] 이에 대해 장애계는 정부의 장애등급제 폐지는 '가짜 폐지'라고 주장하면서 정부가 장애인 당사자들의 의견을 제대로 듣고 등급제 '진짜 폐지'를 시행할 것을 요청하는 중이다.[2] 이와 같은 사실들은 좋은 의도에서 시행되고 마련된 정책과 제도임에도 불구하고 그 제도를 마련하는 과정에서 제도의 직접적인 대상자인 당사자의 의사가 반영되지 않을 때 발생

---

1 이창준, 「장애등급제 폐지 이후 일부 활동지원서비스 오히려 줄었다」, 『경향신문』, 2021. 07. 01.
2 장애등급제 폐지와 관련하여 정부가 적극적으로 장애 당사자들의 의견을 수용하지 않았다는 주장으로는 강혜민, 「[팩트체크] 장애등급제 폐지하면서 정부는 장애계 의견 충실히 들었을까?」, 『비마이너』, 2022. 09. 21.

할 수 있는 문제가 무엇인지 잘 보여준다고 할 수 있다. 따라서 나는 장애 정의론은 '말하기'와 '듣기'를 기초로 하여 장애인의 이야기에 귀를 기울이고, 직접적인 이해 당사자인 그들과의 소통을 통해 그들이 겪은 부정의한 현실을 바로잡는 방식으로 구성되어야 한다고 주장한다.

그렇다고 해서 이 글의 목적이 기존에 없던 새로운 장애 정의론을 제시하거나, 기존의 정의론을 나름대로 수정하여 제시하는 데 있지는 않다는 점을 미리 밝힌다. 오히려 나의 목적은 앞으로 이론을 새롭게 고안하거나 혹은 기존의 장애 정의론을 수정할 때 반드시 고려해야 할 점이 무엇인지를 강조하는 것이다. 따라서 이 글은 이러한 목적에 맞게 '말하기'와 '듣기'가 왜 타자로서 장애인을 위한 정의론의 기초로서 필수적인지 밝히는 데 집중할 것이다.

2. 장애를 바라보는 두 모델과 정체성 배제의 문제

일반적으로 장애학 연구에서 장애를 바라보는 두 가지 모델이 있는데, 하나는 의료적 모델(medical model)이고 다른 하나는 사회적 모델(social model)이다. 먼저 의료적 모델의 기본적인 입장은 장애를 개인의 신체적 혹은 정신적 손상(impairments)에 따른 결과라고 간주한다. 이와 달리 사회적 모델은 장애가 사회 구조에 의해 만들어지고 규정된다고 생각한다. 사회적 모델의 관점에서 어떤 사람이 특정 기능이나 활동의 측면에서 제한(limitation)이 있다는 것은 단순히 그 사람이 손상을 입었기 때문이 아니다. 오히려 사회 구조가 손상을 입은 개인의 자유로운 활동을 가로막음으로써 그 개인을 장애(disability), 말 그대로 무언가에 의해(by) '할 수 없게 된(disabled)' 사람으로 만들고 이를 장애라고 규정한다고 주장한다. 따라서 일반적으로 장애인을 지칭할 때 의료적 모델은 '장애를 가진 사람(people with disability)'으로, 사회적 모델은 '장애를 입은 사람(disabled people)'으로 표현한다. 이는 장애를 바라보는 시선에 따라서 표현이 어떻게 달라지는지 확인할 수 있는 부분이다.[3]

장애에 대한 기본적인 입장에서 드러나듯이, 의료적 모델은 장애를 순전히 개인의 신체적·정신적 손상과 그에 따른 특정한 기능의 제약으로만 간주하기 때문에 장애를 개인의 차원이 아닌 다른 관점에서 생각해 볼 가능성을 배제한다. 의료적 모델은 또한 장애인을 비장애인에 의존해야만 하는 존재자로 치부하며, 이 의존 관계라는 생각은 장애를 손상에 의한 특정 기능의 제약으로 보기 때문에 발생한다. 아울러 기능의 제약이라는 표현에서처럼 의료적 모델은 본래의 기능, 즉 정신 혹은 몸의 '정상성(normality)'을 상정하기에 장애를 '비정상'으로 간주할 수 있다. 따라서 의료적 모델은 치료나 그 밖의 다른 수단을 통해 본래 기능이 회복될 때까지 장애인은 활동의 제약이 있을 수밖에 없으며, 비장애인에 대한 의존이 계속될 수밖에 없다는 부당한 생각으로 이어질 수 있다는 비판도 제기된다.[4]

예를 들어 의료적 모델에서는 불의의 교통사고로 척추 손상을 입은 사람은 걷는 기능을 수행하지 못하며, 따라서 자기 혼자서 원하는 곳

---

3 Wasserman, David, Asch, Adrienne, Blustein, Jeffrey, Putnam Daniel, "Disability: Definitions, Models, Experience", *The Stanford Encyclopedia of Philosophy* (Summer 2016 Edition), Zalta, Edward, N. (ed.). 이 글에서는 양자를 구분하지 않고 쓰고자 한다. 왜냐하면 이어지는 내용에서 드러나겠지만, 나는 의료적 모델과 사회적 모델 사이의 상호배타적인 구분에 회의적이기 때문이다.

4 Smith, Steven, "Social justice and disability – Competing interpretations of medical and social models", *Arguing about disability – Philosophical perspectives*, Kristiansen, Kristjana, Vehmas, Simo, Shakespeare, Tom (ed.), Routledge, 2009, 15.

으로 이동하는 데 많은 어려움—가령, 승강기가 없는 건물에 올라가야 하거나 휠체어 이용자를 위한 저상형 버스가 운행하지 않는 경우—이 있기에 비장애인의 도움을 받아야 하는 장애인이 된다. 그리고 그 장애인을 위한 대책은 주로 손상 부분에 대한 "의료적 혹은 수술적 교정(correction)" 방식으로 이루어진다.[5] 그러나 만약 이 사람이 비록 걷지는 못하지만, 남의 도움 없이도 자기가 원할 때면 언제나 스스로 이동할 수 있는 경우는 어떻게 보아야 하는가?

사회적 모델은 이와 같은 물음과 관련되어 있다. 셰익스피어(Tom Shakespeare)에 따르면, 사회적 모델은 1970년대에 처음 고안되었고 이후 몇몇 학자들에 의해 발전하여 장애학 분야의 지배적인 접근 방식이 되었다.[6] 사회적 모델은 장애를 그 사람이 속해 있는 사회의 구조에 의해 규정된 것으로 파악함으로써 의료 모델이 장애를 손상으로 규정한 것과 거리를 둔다. 따라서 사회적 모델은 손상과 장애를 구분한다. 앞선 예시에서처럼 어떤 사람이 사고로 척추를 다쳐서 걷지 못하고 휠체어를 타고 다니지만, 해당 사회의 구조가 휠체어를 탄 사람과 타지 않은 사람 사이의 차이가—물론 전혀 느낄 수 없진 않겠지만—미미하게 느껴지는 구조라고 생각해 보자. 그렇다면 그 사회에서는 비록 한 사람의 신체에 손상이 있을지라도, 그것이 곧 장애로 규정되지는 않을 것이다. 이처럼 사회적 모델의 관점에서 장애는 결국 비장애인의 관점으로 사회의 모든 것이 구조화되었기 때문에, 즉 주류 사회로부터 "차별받기

---

5 Wasserman, David, Asch, Adrienne, Blustein, Jeffrey, Putnam Daniel, "Disability: Definitions, Models, Experience."
6 톰 셰익스피어, 『장애학의 쟁점』, 이지수 옮김, 학지사, 2013, 67. 관련된 내용으로는 또한 캐럴 토머스, 「장애 이론 - 핵심 개념, 이슈, 사상가」, 『장애학의 오늘을 말하다』, 콜린 반스, 마이클 올리버, 렌 바턴 엮음, 그린비, 김도현 옮김, 2017, 74-75.

때문에" 발생한다.[7] 이로부터 사회적 모델이 지향하는 문제 해결 방식이 무엇인지 분명해진다. 사회적 모델은 의료적 모델처럼 개인의 교정에 초점을 두는 것이 아니라, 차별과 억압을 낳고 있는 사회 구조의 변혁에 관심이 있다. 따라서 사회적 모델은 의료적 모델이 놓치는 사회적 차원인 사회의 차별적·억압적 구조를 장애가 발생하는 원인으로 지적한다는 점이 특징이다. 또한 대부분의 장애학 연구자들은 이러한 사회적 모델에 기반을 두고 연구를 수행하고 있다.

그러나 나는 사회적 모델 역시 장애인 각자의 경험과 이에 기반한 각자의 정체성을 이론적으로 포착하기 어렵다는 한계가 있다고 생각한다. 내가 보기에 사회적 모델은 기본적으로 장애에 접근하는 방식이다. 따라서 이 모델은 장애가 무엇이며 그것이 어디에서 기인하는지를 밝히는 데에는 문제가 없지만, 단순히 장애인 일반으로 포섭될 수 없는 개별 존재자로서 장애인 각각이 갖는 삶의 특수한 내용, 즉 이른바 당사자성을 포착할 수 없는 한계가 있다고 생각한다.[8] 예를 들어 어떤 모델에 의한 것이든 관계없이 똑같은 유형의 장애를 가지고 있는 사람 100명이 있다고 가정해 보자. 이 100명은 비록 장애 유형에 있어서는 같은 범주로 분류될지 모른다. 하지만 만약 이들의 젠더, 인종, 나이, 학력, 대인 관계, 부모의 재력 등을 함께 고려해 본다면, 같은 장애 유형임에도 불구하고 이들 각자가 경험한 삶의 내용은 천차만별일 것임을 어렵지 않게 짐작해 볼 수 있다. 그리고 상황이 이와 같다면, 장애 유형

---

7 김도현, 『장애학의 도전』, 오월의봄, 2019, 75.
8 이와 관련하여 셰익스피어 역시 사회적 모델이 장애와 관련하여 지나치게 구조의 문제에만 천착한다는 점을 지적한다. 자세한 내용은 톰 셰익스피어, 『장애학의 쟁점』, 59-99 참고할 것.

에 따라서 혹은 이보다 더 추상적으로 장애 유무만을 기준으로 다양한 장애인들을 하나로 묶고자 하는 시도는 위험할 수 있다. 즉 장애인에 대한 차별이 부정의이듯, 이처럼 서로 다른 다양한 체험과 삶의 내용이 존중되지 않는 것 역시 부정의라고 할 수 있다. 따라서 장애인에 대한 차별과 억압은 "단지 사회적·경제적인 구조의 부정의에서만 야기된 것"이 아니라 "장애인의 경험에 대한 반응의 다양성"이 무시되는 "정체성 배제(identity exclusion)"에 의해서도 발생한다고 할 수 있다.[9]

정리하자면, 장애에 접근하는 두 모델로서 의료적 모델과 사회적 모델은 각각 한계를 가지고 있다. 의료적 모델은 개인의 차원을 강조하기에 사회적으로 발생하는 억압의 측면을 놓치게 되며, 정상성을 상정함으로써 장애인은 교정받아야 할 존재라는 인식적 부정의를 낳는다. 반면에 사회적 모델은 의료적 모델의 이러한 단점을 보완하기는 하지만, 사회 구조의 문제만을 강조하기 때문에 손상을 입은 개인(a individual with impairments)의 자기 정체성 전유를 의도치 않게 부정할 위험 또한 존재한다. 그러므로 한 사회에서 장애인이 겪는 부정의를 발견하고 그것을 해결하기 위해 이론적인 차원에서 방법을 제시하고자 하는 장애정의론은 단순히 의료적 모델과 사회적 모델이라는 이분법과 양자택일에 기초해서는 안 될 것으로 보인다.[10]

이처럼 장애에 접근하는 두 모델이 가진 한계를 염두에 둔다면, 장애

---

9 Smith, Steven, "Social justice and disability – Competing interpretations of medical and social models", 25.
10 이와 관련하여 토머스는 장애학 연구에서 사회적 모델이 등장한 후에 그 자신이 비판의 대상이 되었으며, 다양한 연구자들이 장애를 사회 구조의 문제로만 환원하는 사회적 모델의 문제를 해결하기 위한 이론적 대안을 제시하고 있음을 보여준다. 자세한 내용은 캐럴 토머스, 「장애 이론 – 핵심 개념, 이슈, 사상가」, 92-100 참고할 것.

정의론의 구성 과정에서 유념해야 할 한 가지 중요한 사실은 다음과 같다고 할 수 있다. 즉 사회적 모델의 주장처럼 장애가 차별적이고 억압적인 사회 구조에 의해 형성된 것일 뿐 본질적인 것은 아니라고 할지라도, 신체적·정신적 손상은 여전히 그 손상을 입은 자와 함께 존재하며, 손상을 입은 자 역시 여전히 그 사회 속에서 살아간다는 것이다. 손상을 입은 사람은 그 손상이 장애라고 불리지 않더라도 여전히 그 손상된 몸을 가지고 살 수밖에 없다. 또한 그 사람이 한 사회 속에서 살아가면서 획득한 경험은 손상을 입지 않은, 혹은 다른 곳에 손상을 입었거나 같은 곳에 손상을 입었지만 나와 다른 삶의 맥락에서 살아온 사람의 그것과 다를 수밖에 없을 것이다. 이렇듯 서로 다른 삶의 다양한 내용이 존중되지 않는 사회, 비장애인의 관점에서만 만들어진 장애인 복지 정책—이를테면 앞서 언급한 장애등급제 폐지와 같은 정책—등은 선의에서 시작했지만 정작 장애인 당사자들에게 의도치 않은 해악이 될 수도 있다. 이와 관련하여 허시먼(Nancy J. Hirschmann)과 스미스(Rogers M. Smith)의 다음과 같은 주장은 우리가 지향해야 할 점이 무엇인지 잘 보여준다고 할 수 있다.

우리는 [장애인이 입은 손상에 대한] 치료가 제거라는 관념을 수반하지 않아야만 한다고 주장한다. 제거라는 관념이, 문제가 되는 장애가 사라지고 아무런 흔적을 남기지 않는 세계를 추구하는 것으로 이해된다면 말이다. 질병과 장애는 어떤 의식과 개성을 수반한 몸 내에서 발생하며, 그 의식과 개성은 **질병과 장애를 지닌 몸의 경험**에 의해 주조되고, 형성되며, 영향을 받는다. 그런 경험들은 사람들의 삶을 규정하는 중심적인 특징일 수도 있고 아닐 수도 있지만, 그 경험들은 언제나 그들이 누구인가를 말해 주는 일부일 것이고, 지속되는 통찰과 이로움의 원천일 수 있다. 즉 그 경험들은 어떤 경우에도 제거될 수 없다.[11]

허시먼과 스미스의 주장은 의료적 모델이 취하는 손상에 대한 교정이나 치료라는 입장을 사회적 모델의 관점에서 전적으로 배격할 필요가 없다는 것인데, 그 이유는 의료적 모델이 주장하는 치료는 결코 손상 입은 몸의 기억을 제거할 수 없기 때문이다. 두 저자는 손상 입은 몸에 대한 당사자의 긍정적 전유 가능성과 장애 정체성 형성, 그리고 이를 바탕으로 하는 개인의 자유로운 선택 또한 중요하게 고려해야 하며, 사회 구조의 측면만을 강조하는 사회적 모델은 이 점을 간과하고 있다고 주장한다.[12]

그렇다면 대안은 무엇인가? 장애에 대한 두 모델이 각각 개인과 사회 쪽으로만 치우친 게 문제였으므로, 대안은 두 모델의 종합이라고 할 수 있다. 즉 사회적 모델을 기반으로 하면서도 손상과 관련된 개인의 경험을 도외시하지 말아야 할 것이다. 왜냐하면 사회로부터 분리된 개인의 경험이란 있을 수 없기 때문이다. 그리고 이 점에서 "개인적인 것이 정치적인 것"이라는 구호는 비단 페미니즘에만 국한되는 것은 아니라고 할 수 있다.[13] 그러므로 장애 정의론은 (1) 비장애인과 마찬가지로 장애

---

11 낸시 허시먼·로저스 스미스, 「'치료'와 '편의제공'을 다시 생각한다」, 『장애의 정치학을 위하여』, 김도현 옮김, 후마니타스, 2023, 557. [ ] 안의 내용과 강조는 필자.
12 낸시 허시먼·로저스 스미스, 「'치료'와 '편의제공'을 다시 생각한다」, 559-562.
13 이러한 관점에서 진행된 연구로는 Morris, Jenny, "Impairment and disability: Constructing an ethics of care that promotes human rights", *Hypatia* Vol. 16 (no 4), 2001, 1-16. 이 연구에서 저자인 모리스는 여성이자 후천적인 장애인으로서 자신이 겪은 현실 경험을 바탕으로 사회적 모델의 한계를 지적하면서 이 모델이 당사자의 경험을 배제하지 말아야 한다는 점을 강조한다.

인 역시 한 명의 개별자로서 자기 자신에 관해 이야기할 수 있는 행위 주체(agency)임을 인정하고, (2) 각 행위 주체의 다양한 경험(신체적·정신적 손상에서 연유하는)과 그 내용, 즉 자신의 이야기를 그들이 마주했던 한 사회의 차별적 구조와 같은 부정의를 해결하는 과정에 담아낼 수 있어야만 할 것이다. 장애 정의론은 (1), (2)를 이론적으로 체계화하는 방식으로 세워져야 하며, 나는 (1)과 (2)에 해당하는 핵심 표어로서 각각 '말하기'와 '듣기'를 제시하고자 한다. 그리고 이를 통해 정체성 배제의 문제가 이론적으로 해소된다면, 지금까지 은폐되어 있던 장애인에 대한 차별적 구조가 당사자의 목소리를 통해 드러나고, 이를 계기로 장애인이 겪는 부정의를 해소할 수 있는 길이 열릴 수 있다고 생각한다.

3. 말하기: 개별 행위 주체로서 장애인의 이야기와 정체성

나는 정체성 배제의 문제를 해결하기 위해 먼저 당사자의 '**말하기**'가 중요하며, 말하기는 곧 한 명의 행위 주체가 자신에 관하여 이야기하는 것이라고 주장한다. 앞서 지적했듯이, 사회적 모델은 장애를 사회 구조의 문제로 환원함으로써 손상을 입은 개인의 체험, 즉 사회 속에서 손상을 입고 살아가면서 얻은 체험의 내용을 배제한다. 이는 의도치 않게 모든 장애인을 '사회 구조로부터 억압받은 자-희생자'라는 단일한 정체성으로 묶을 뿐만 아니라, 장애인과 비장애인이라는 이분법적 구분을 고수하게 됨으로써 혜택을 '주는 자(비장애인/적군)'와 '받는 자(장애인/아군)'라는 비대칭적 관계 틀을 공고히 하게 된다. 하지만 앞서 2절에서 언급했듯이, 똑같은 유형의 손상과 장애를 가지고 있다고 해서 그 유형에 속하는 장애인 모두가 반드시 같은 정체성을 가지는 것은 아니다.

이러한 사실은 특정 손상과 정체성이 일대일 대응하는 관계로서 미리 규정되어 있는 것이 아니라, 한 사회 속에서 '누가' 어떤 손상을 통해 '무엇'을 '어떻게' 경험하였는가에 따라서 같은 유형의 손상과 장애라도 다양한 이야기들이 가능하다는 것을 보여준다. 따라서 장애인을 위한 정의론은 먼저 장애인을 개별적인 행위 주체로 인정하고 구성하는 것이 필요하며, 이는 곧 개별 행위 주체로서 장애인이 자기의 경험을 이야기함으로써 자기가 마주했던 사회 부정의를 드러낼 수 있게 하는 것이라고 할 수 있다. 이와 관련하여 센(Amartya Sen)의 '행위 주체(agency)'와 매킨타이어(Alasdair MacIntyre)의 '서사적 자아(narrative self)'에 관한 논의는 참고할 만하다.

먼저 센은 『정의의 아이디어』에서 한 사회의 부정의를 평가하는 데 반드시 포함되어야 할 관점으로 개별적인 행위 주체의 관점을 중시한다.[14] 특히 센의 정의론의 핵심이라고 할 수 있는 역량 접근(capability approach)은 행위 주체의 실질적 자유를 중요시함으로써 개인의 측면을 강조한다고 볼 수 있다. 또한 이 개인은 항상 특정한 "위치적 관점"을 가지고 있는 자이다. 이는 개인이 어떤 위치에 서 있는가에 따라 그 개인의 시야에 들어오는 내용이 다를 수밖에 없다는 것이며, 센이 보기에 그 위치를 벗어나 "위치 독립적 관점"에 설 수 있다는 것은 착각이다.[15] 그리고 개인은 사회로부터 분리된 개인이 아니라 "사회의 깊은 영향"을 받는 자이며, 역량 접근은 "사회에서 개인을 분리하는 어떤 관점도

---

14 행위 주체에 대한 자세한 내용은 Sen, Amartya, *The Idea of Justice*, Harvard University Press, 2009, §9, 10 참고할 것.

15 Sen, Amartya, *The Idea of Justice*, 169. 이러한 이유에서 센은 다양한 위치적 관점을 지닌 개인들이 모여 공적 토론(public discussion)을 통해 사회 부정의를 제거하기 위한 제도를 마련해야 함을 주장한다.

가정하지 않는다"고 센은 주장한다.[16] 이를 좀 더 구체적으로 말하자면, 개별적인 행위 주체인 '나'는 사회적 관계 속에서 형성되고 타인들과 상호작용하면서 살아가지만, 동시에 단순히 사회적인 차원으로 환원하여 설명될 수 없는 자기만의 고유한 존재 이해가 있다는 것이다. 그리고 이 존재 이해는 각자의 구체적인 삶의 맥락—센의 표현으로는 '위치적 관점'—에서 획득된 다양한 경험을 토대로 가능한 것이다.[17]

한편 매킨타이어는 『덕의 상실』에서 근대적 자아(modern self) 개념을 비판하며 서사적 자아 개념을 제시한다. 여기서 그가 비판하는 근대적 자아는 정서주의(emotivism)[18]에 기반한 자아인데, 그는 이러한 자아가 "유령적인 특성(ghostly character)" 혹은 네이글(Thomas Nagel)의 표현처럼 '어디에도 없는(nowhere)'이라는 특징을 지닌 것으로 간주한다. 왜냐하면 그가 보기에 정서주의적 자아는 "한편으로는 사회적으로 구현된 것들(embodiments)로부터 구분되고, 다른 한편으로는 자기 자신의 합리적인 역사가 결핍"되었기 때문이다.[19] 정서주의적 자아에 대한 비판에서 확인할 수 있듯이, 매킨타이어에게 있어서 자아는 기본적으로 사회적으로 규정된다. 물론 이 말이 자아가 사회적으로 이미 결정되어 있다는 것을 의미하는 것은 아니다. 오히려 자아는 이미 특정한 맥락 속에서 태어나 존재한다는 것을 의미한다고 보아야 한다. 즉 우리는 '어디에도

---

16 Sen, Amartya, *The Idea of Justice*, 244-245.
17 스미스(Steven Smith) 역시 '개별적인 행위 주체(individual agency)' 개념을 언급하면서 사회적 차원으로 환원할 수 없는 개인의 경험과 그 내용을 고려하는 것이 중요함을 강조한다. Smith, Steven, "Social justice and disability – Competing interpretations of medical and social models", 25.
18 이어지는 글에서 나는 'emotivism'에 대한 번역어로 '정서주의'를 사용할 것이다. 이것이 적확한 번역어인지에 관한 문제는 여전히 있지만, 단순히 '이모티비즘'으로 음차하지 않기 위해서 선택한 번역어임을 밝힌다.
19 MacIntyre, Alasdair, *After Virtue* (3rd ed), University of Notre Dame Press, 2007, 33.

없는(nowhere)' 자아가 아니라 **이미 항상 '어디에 있는**(where)' 자아이며, 바로 이 '어디에'는 곧 "사회적 공간(social space)"을 의미한다. 이 사회적 공간은 개별 자아의 주변에 있는 가족, 친구와 같은 타인과의 관계뿐만 아니라, 문화와 관습, 법과 제도 등도 포함하는 공간으로서 우리 각자의 정체성을 형성하는 토대라고 할 수 있다. 따라서 매킨타이어에게 이 공간이 결핍된 자아는 "아무도 아니거나(nobody) 기껏해야 이방인 (stranger)이다."[20] 정리하자면, 자아는 그 자체로 이미 존재하면서 동시에 '어디에' 존재하는가에 따라 정체성이 달라질 수 있는 자아다. 이는 개인의 존재론적 근거로서 사회적 측면(사회적 공간)을 강조하지만 동시에 단순히 사회적 차원으로 환원될 수 없는 개별 존재자의 고유함을 강조하는 것으로 볼 수 있다.

이와 같은 매킨타이어의 자아관은 서사적 자아 개념을 살펴볼 때 더욱 분명해진다. 서사-이야기(narrative)라는 말에서 짐작할 수 있듯이, 매킨타이어는 삶의 통일성과 이로부터 형성된 자아의 정체성을 설명하기 위해 시작, 중간, 끝이라는 이야기의 통일성 형식에 주목한다.[21] 이 형식은 한 개인의 다양한 개별 체험을 하나의 연속적인 사건들(sequence)로 나타내 주는 방식으로서 그 자체가 곧 개인의 역사(history), 즉 개인의 이야기(his/her-story)이며, 그 이야기가 바로 자아라는 것이 매킨타이어의 주장이다. 따라서 서사적 자아는 그 자아가 어떻게 살아왔는가에 따라서, 그리고 어떤 상황에 놓여 있는가에 따라서 각자의 이야기와 그 이야기에서 드러난 정체성이 다를 수 있다는 점을 보여주는 개념이다. 이는 앞서 매킨타이어가 정서주의의 유령적인 자아를 비판하면서 강조

---

20 MacIntyre, Alasdair, *After Virtue* (3rd ed), 32-34.
21 MacIntyre, Alasdair, *After Virtue* (3rd ed), 205.

했던 자아의 사회적 측면과 상충하지 않는다. 왜냐하면 매킨타이어에게 있어서 사회 혹은 공동체는 자아의 존재론적 기초이며, 이 기초 위에서 우리는 타자로 환원될 수 없는 개별적인 존재자가 될 수 있기 때문이다. 이처럼 한 사회에는 행위 주체로서 수많은 '나'들이 존재하며, 그들이 존재하는 만큼 "다른 이야기가 있고 그 이야기는 저마다 각양각색이다."[22] 또한 내가 나의 이야기에서 작가이듯이, 타인은 타인의 이야기에서 작가이며, "그들이 나의 이야기에서 한 부분인 것처럼, 나는 그들의 이야기에서 한 부분"[23]이기에 저마다의 이야기는 사회라는 공통의 기반 위에서 서로 얽혀 있다고 할 수 있다. 따라서 우리는 "다른 이들과의 관계 속에서 자신의 이야기를 고치거나" 바로잡음으로써 자신의 이야기를 완성해 갈 수 있다.[24]

마찬가지로 장애인의 손상은 일차적으로는 개인의 손상이지만(개별적), 손상의 의미와 손상으로부터의 경험은 그 개인을 둘러싼 사회적 맥락과 불가분의 관계에 있으며(사회적), 그 맥락 속에서 개개인의 다양한 경험과 자신의 장애에 대한 의미 이해가 이루어지고 있다고 할 수 있다. 따라서 장애인의 "개인적인 억압의 경험"은 세계를 보는 한 방식인 "세계에 대한 해석"과 관련이 있다는 주장은 설득력이 있다.[25] 또한 이와 관련하여 심귀연은 몸에 대한 현상학적 관점에서 장애인의 몸이 갖는 "각자성"과 이 몸이 "각자의 경험에 따른 자기만의 세계를 열어낸다"

---

22 김수정, 「알라스디어 맥킨타이어의 덕윤리에 있어 서사적 통일성이 갖는 도덕적 위상」, 『윤리학』 제1권 1호, 한국윤리학회, 2012, 58.
23 MacIntyre, Alasdair, *After Virtue* (3rd ed), 218.
24 김수정, 「알라스디어 맥킨타이어의 덕윤리에 있어 서사적 통일성이 갖는 도덕적 위상」, 64.
25 Morris, Jenny, "Impairment and disability: Constructing an ethics of care that promotes human rights", 5.

라고 주장한다.[26] 이처럼 장애인 개개인의 경험과 세계 해석으로서 이 야기는 그것의 화자-행위 주체가 누구인지 보여줌과 동시에 그 이야기를 둘러싼 사회 맥락을 드러낼 수 있는 수단이라고 할 수 있다. 그리고 이러한 점에서 장애인 개개인의 이야기는 일종의 사회 비판으로서 한 사회에서 각자가 겪은 부정의를 다른 사람들—비장애인만이 아니라 나와 다른 유형의 장애인도 포함해서—이 확인할 수 있는 계기라고 할 수 있다.[27] 이러한 관점에서 보자면, 사회적 모델은 본래의 좋은 의도와 무관하게 한 명의 장애인이 겪는 경험의 고유함을 은폐할 위험을 그 안에 품고 있다는 것이 분명해 보인다. 그리고 이러한 위험이야말로 정체성 배제의 핵심이다.

이제 정체성 배제의 문제가 우리의 시야에 들어온다면, 장애인이 겪고 있는 부정의를 해결하는 방식에 대한 변화가 일어날 수 있다. 즉 장애인의 정체성을 보존하려는 관점에서 볼 때, 장애인에게 필요한 것은 장애에 대한 인식적 부정의를 제거한다는 명목으로 모든 인간은 정도의 차이만 있을 뿐, 서로가 서로에게 의존적인 "사회적 약자(the socially vulnerable)"라고 교육함으로써 장애/비장애의 구분을 지우는 것이—물론 종국에는 이러한 구분이 없어져야겠지만—'우선적인' 과제가 아닐

---

26 심귀연, 「기술시대의 인간과 장애에 관한 철학적 탐구」, 『철학논총』 제97집, 새한철학회, 2019, 182-183.

27 이야기로서 해석의 사회 비판적 성격은 문학이나 영화와 같은 예술 작품에서 잘 드러난다. 특히 비판이론가인 호네트(Axel Honneth)가 사회 비판의 형식 중 하나로 제시하는 '개시적 비판(erschließende Kritik)'은 해석의 비판적 성격을 잘 보여주는데, 이는 일종의 "사회세계에 대한 새로운 시각의 환기"이다. 관련된 내용은 악셀 호네트, 「개명(開明)적 비판의 가능성」, 『정의의 타자』, 문성훈 외 옮김, 나남출판, 2009, 103. 또한 서도식, 「세계 개시로서의 진리와 해석 - 가다머의 예술론을 중심으로」, 『철학논총』 제64집, 새한철학회, 2011, 356-360 참고할 것.

수도 있다.[28] 왜냐하면 만약 모든 인간은 사회적 약자라고 말하는 사람이 사회의 중심부에 속하는 비장애인이라면, 본래의 좋은 의도와 다르게 인간은 사회적 약자라는 공익 광고 같은 표현 앞에서 주변부에 속하는 장애인의 고유한 삶의 내용이 드러나지 못할 위험이 있기 때문이다. 이는 누구에게나 똑같이 파악되고 이해되는 현실 그 자체란 없으며, "현실은 그것을 말하는 사람이 있다는 점에서 담론화된 현실"이기에 화자가 누구이고 어떻게 말하느냐에 따라서 똑같은 현실도 "다르게 서술될 수밖에 없는" 사실과도 관련이 있다.[29] 따라서 사회적 약자라는 표현이 오히려 장애인의 '말하기'를 가로막는 지배계급의 이데올로기일 가능성을 전적으로 배제할 수 있는지에 대한 의문이 남는다.

상황이 이와 같다면, 장애인에게 정말 필요한 것은 "장애인이 자기 경험에 대해 말하도록 장려하는 것(encouraging)과 그들이 말할 때 비장애인이 듣는 것"[30]이라고 할 수 있다. 왜냐하면 모두가 사회적 약자라 하더라도 신체적·정신적 손상을 입은 약자와 손상을 입지 않은 약자

---

28 목광수, 「장애(인)와 정의의 철학적 기초」, 『사회와 철학』 제23집, 사회와철학연구회, 2012, 169-170. 또한 이와 비슷한 맥락에서 김동규는 역량 접근을 통해 개개인이 역량을 확보하지 못한 상태를 장애(disability)라고 규정함으로써 장애인과 비장애인의 경계를 지우려는 것으로 보인다. 쉽게 말해, 손상이 없는 비장애인도 역량 확보가 안 될 경우는 장애가 있다고 봐야 한다는 것이다. 자세한 내용은 김동규, 「장애와 역량적 접근 그리고 공공성의 변증법」, 『한국문학논총』 제79집, 한국문학회, 2018 참고할 것.

29 심영의, 「타자(the Other)로서의 장애인 문학」, 『민주주의와 인권』 14(2), 전남대학교 5.18 연구소, 69. 이와 관련하여 모리스는 인간이 서로에게 의존적이라는 점과, (서로 의존적이기 때문에) 비장애인이 경험한 활동의 제한(limitation)이 손상을 입은 장애인의 제한과 질적으로 다르지 않다고 말하는 것은 별개의 문제라고 주장한다. 즉 장애인의 타인 의존과 비장애인의 타인 의존은 그 성격에 있어서 다를 수밖에 없다는 것이다. Morris, Jenny, "Impairment and disability: Constructing an ethics of care that promotes human rights", 13.

30 Wasserman, David, Asch, Adrienne, Blustein, Jeffrey, Putnam Daniel, "Disability: Definitions, Models, Experience."

는 서로 다르며, 그에 따라서 자기가 속해 있는 세계에 대한 이해도 다를 것이기 때문이다. 이와 같은 차이와 다름을 무시한 채 단지 장애인에 대한 진심 어린 마음만을 내세울 경우, 이는 오히려 장애인의 문제가 비장애인에 의해 "납치되고 재전유된 것(reappropriated)"으로[31] 장애인을 향한 폭력이 될 가능성이 있다. 따라서 나는 "대리와 전유를 넘어 자기 경험과 요구를 자신의 언어로 말하는 것"[32]이야말로 장애인이 자신이 겪고 있다고 여기는 부정의를 해결하기 위한 첫걸음이며, 장애 정의론은 이를 이론적으로 담아낼 수 있어야 한다고 주장한다.

그렇다고 해서 장애인의 행위 주체성을 강조하는 태도가 장애인의 문제를 해결하는 과정에서 비장애인을 무조건 배제해야 한다는, 따라서 장애인만이 그들의 해방 운동에 참여해야 한다는 당사자주의를 내세우는 것은 아니다.[33] 왜냐하면 첫째, 행위 주체성과 이야기의 강조는 오히려 비장애인이 장애인의 삶을 한낱 대상(object)으로서 관찰하거나 사유해서는 얻을 수 없는 장애 경험의 고유함에 대한 강조이며, 실제적인 장애인 해방 운동에서 이러한 고유함을 일차적으로 우선시하고 정책 결정 과정에 반영해야 한다는 주장이기 때문이다. 어느 정치인의 일

---

31 Branfield, Fran, "What are you doing here? 'Non-disabled' people and the disability movement: A response to Robert F. Drake", *Disability & Society* Vol. 13 (no. 1), 1998, 144.

32 김애령, 『듣기의 윤리』, 봄날의박씨, 2020, 135.

33 김도현은 브랜필드(Fran Branfield)의 논의를 당사자주의로 파악하며, 그가 장애 문제에 대한 비장애인의 접근을 원천 봉쇄한다고 해석한다. 그러나 브랜필드는 자기가 장애인들만의 장애 해방 운동을 주장하는 것은 아니라고 강조한다. 내가 보기에, 브랜필드의 주장은 장애인이 장애 운동의 선봉에 서야 한다는 것이지 그 운동에서 비장애인을 무조건 배제해야 한다는 것은 아니다. 김도현은 이를 오해한 것으로 보인다. 자세한 내용은 Branfield, Fran, "What are you doing here? 'Non-disabled' people and the disability movement: A response to Robert F. Drake", 144; 김도현, 『장애학의 도전』, 270-272 참고할 것.

침처럼 "아프리카 주민들은 아프리카 투어를 하지 않는다. 아프리카 투어를 하는 것은 백인들뿐이다."[34] 마찬가지로 장애인은 낯선 땅을 여행하듯이 자신의 장애를 하나의 대상으로 체험하지 않는다. 장애 정의론이 행위 주체로서 장애인의 이야기에 주목하지 않는 순간, 장애는 비장애인이 며칠 동안 체험하면 파악할 수 있는 대상적 차원으로 전락할 위험이 있다. 행위 주체성과 이야기에 대한 강조는 이러한 위험을 방지하기 위한 것이지 당사자주의에 대한 강조는 아니다.

둘째, 한 사회에서 고통받는 개인 혹은 집단은 일부지만, 그 고통의 원인은 결국 한 사회의 구조에 있으며, 고통의 원인을 제거하기 위해서는 고통받는 집단과 그렇지 않은 집단 사이의 연대가 필수적이기 때문이다. 나는 이를 '고통의 이중적 특성'이라고 부른다. 즉 고통은 한편으로는 실제로 고통받고 있는 개인 혹은 일부 집단의 문제라는 점에서 '개별적 특성'이지만, 다른 한편으로 그 고통의 원인이 사회 구조이기도 하다는 점에서 '사회적 특성'도 가진다. 따라서 이중적인 특성을 가진 고통이라는 부정의를 사회 제도를 통해 해결하는 것은 곧 당사자의 개별적인 차원과 당사자를 둘러싼 사회적인 맥락을 모두 고려해야만 하는 과정이라고 할 수 있다. 좀 더 구체적으로 이 과정은 몸소 고통받고 있는 자들이 직접 말하게끔 하고(개별적 차원), 그들의 이야기에 귀 기울임으로써 사회 전체가 문제 해결을 위해 연대(solidarity)하고 해결책을 고민하는 것(사회적 차원)이라고 할 수 있다.

지금까지의 내용을 정리하자면, 장애인의 행위 주체성과 이야기 그리고 이에 기반한 정체성에 대한 강조는 장애가 사회 구조에 의해 만들

---

34 권태욱, 「興, '쇼'로 지지율 올리려면 차력사 출연시켜라」, 『프레시안』, 2006. 09. 27.

어졌다는 말로 환원할 수 없는 개개인들 각자의 경험, 그리고 그 내용이 담긴 이야기의 고유함을 존중하는 것이다. 그렇다고 해서 행위 주체성 개념이 나와 다른 이야기와 정체성을 가진 자를 무조건 배제하는 것은 아니며, 타자 및 우리와 다른 집단들 사이의 연대 가능성을 부정하지 않는다고 할 수 있다. 따라서 장애 정의론은 부정의를 제거하는 과정에서 당사자인 장애인의 이야기를 담아낼 수 있어야만 장애인의 정체성 배제라는 문제를 해결할 수 있으며, 동시에 장애인과 비장애인의 연대를 도모할 수 있다. 그리고 나는 이러한 연대의 출발점은 당사자의 이야기를 경청하는 데 있다고 생각한다.

4. 듣기: 연대를 통한 부정의 해결의 조건으로서 경청

앞서 간단하게 언급했듯이, 장애인의 행위 주체성에 대한 강조를 기초로 삼는 장애 정의론은 장애인이 자기에 대해 이야기할 수 있도록 이론적으로 보장해 준다고 할 수 있다. 하지만 말하는 사람만 있고 제대로 듣는 사람이 없다면 이는 공허한 메아리에 불과할 것이며, 또한 비장애인과의 연대를 통해 부정의를 해결할 수도 없을 것이다. 따라서 나는 정체성 배제를 해결하기 위한 두 번째 요소로서 '듣기'가 필수적이라고 주장하고자 한다. 여기서 내가 말하는 듣기란, 단순히 들리니까 듣는 (hearing) 정도의 피상적인 수준이 아니다. 듣기는 '나'의 자기중심적인 (egocentric) 관점에서 비롯된 편협한 사유의 한계를 인정함으로써 타자가 말하는 내용을 듣고, 그 입장을 수용하려는 개방적이고 합리적인 듣기라고 할 수 있다. 이러한 듣기는 그저 무관심하게 듣는 것과 다르게 경청이라고 할 수 있다. 즉 경청은 "주체의 또렷한 자의식이 아니라, 주체의 무능을 인정하는 데서 시작"될 수 있으며, 그런 점에서 경청은 타자에 대한 배려로서 윤리적인 행위라고 할 수 있다.[35] 그렇다면 우리는 왜 경청해야 하는가? 그 이유는 크게 존재론적 차원과 인식론적 차원으로 나눠서 생각해 볼 수 있는데, 이 구분은 어디까지나 분석적 차원의 구분이지 실질적 차원은 아니다.

먼저 존재론적 차원에서 보자면, 3절에서 강조했던 서사 혹은 이야기로서 자아 개념에서 드러나듯이 인간은 '이미' 특정한 사회 맥락 속에서 타인과 상호작용하면서 동시에 자기만의 이야기를 만들어 가는 존재다. 그리고 이 이야기는 사회라는 공통분모 위에서 각자가 살아온 경험에 따라 달라진다는 점에서 화자의 정체성과 존재의 고유함을 드러낸다. 이는 곧 같은 사회에 살고 있어도 각자가 어떤 환경에서 어떻게 살아왔는가에 따라 서로 다르게 이야기한다는 점에서 각자는 서로 다른 존재라는 사실과 관련이 있다. 물론 이처럼 나와 다른 존재를 공감과 같은 감정이입의 방식으로 이해할 수도 있다. 하지만 이러한 방식의 이해는 선의에서 비롯되었을지라도 결국 자기중심적인 태도로서, 상대방의 고통을 자기 생각대로 전유할 위험이 있다. 이는 '금수저'를 물고 태어난 사람이 '흙수저'의 고통에 대해서, 남성이 여성 혐오적인 사회 구조 속에서 살아가는 여성의 불안감에 대해서 공감은 할 수 있을지언정, 그들이 느끼는 고통을 똑같이 이해할 수 있을지를 생각해 보면 분명하다. 흙수저와 여성의 '경험의 직접성'이 금수저와 남성에게는 근본적으로 막혀 있다.

이러한 사실은 존재론적 차원이 인식론적 차원과 불가분의 관계에

---

35 김애령, 『듣기의 윤리』, 211.

있으며, 그런 점에서 양자는 실질적으로 구분되지 않는다는 것을 보여준다. 즉 인식론적 차원에서 나는 결코 나의 관점을 벗어나 타자의 입장이 되어 그의 처지를 온전히 알 수 없다. 만약 내가 타자가 처해 있는 상황이나 입장에 대해 혼자 관찰하거나 사유함으로써 그것에 대해 온전히 알 수 있다면, 나는 굳이 타자의 이야기를 들을 필요가 없을 것이다. 그러나 내가 아무리 노력해도 나는 나의 관점에서 타자를 사유할 뿐이며, 내가 생각한 타자의 입장과 타자의 입장 그 자체는 질적으로 같을 수 없다. 따라서 내가 타자의 입장을 완전히는 아니더라도, '그나마 제대로' 이해하기 위해서는 타자의 입장이 무엇인지 그 사람에게 직접 들어 보는 수밖에 없다. 이러한 사실은 곧 우리가 타자의 말을 경청하여야 하는 이유가 된다.

이와 같은 경청에 대한 강조는 당사자주의가 편협한 정체성 정치로 빠질 수 있다는 문제에도 불구하고, 우리가 당사자성을 배제해야 한다는 생각을 거부할 수 있도록 해준다. 여기서 당사자들만이 자신들이 관련된 사회·정치적인 문제의 해결 주체이며 당사자가 아니면 빠지라는 관점(당사자주의)과 문제 해결 과정에 당사자의 입장이 배제되어서는 안 된다는 주장(당사자성)을 구분해야 한다. 당사자주의가 문제인 이유는 다음과 같다. 가령, 여성으로서의 정체성을 가진 사람들만이 여성 해방을 위한 연대의 대상임을 강조하는 과정에서 여성 개개인이 가지고 있는 정체성을 훼손하는 문제, 즉 "여성 개인의 정체성은 곧 여성 집단의 정체성과 동일"[36]한 것으로 여겨지는 차이의 사물화가 발생한다는 것이다.

하지만 당사자주의가 문제가 있다고 해서 당사자성을 포기해야 한다

---

36 니라 유발-데이비스, 『젠더와 민족』, 박혜란 옮김, 그린비, 2012, 214.

는 것은 아니다. 왜냐하면 어떤 문제에 있어서 그 문제와 직접적인 관련이 있는 당사자들의 입장이 우선적이어야 한다는 생각은 당사자가 아닌 사람이 당사자의 입장을 온전히 파악하기 어렵다는 이유에서 여전히 중요한 생각이기 때문이다. 그러나 3절에서 밝혔듯이, 당사자의 고통은 그 당사자를 둘러싼 사회 맥락과 무관하지 않으며, 당사자의 고통이라는 사회 문제를 해결하는 과정은 결국 입법과 같은 기존 제도의 맥락에서 이루어질 수밖에 없다. 이러한 사실은 특정한 개인 혹은 집단이 겪고 있는 부정의를 해결하기 위해서는 다른 사람 혹은 다른 집단과의 연대가 필수적임을 보여준다. 따라서 당사자성을 포기하지 않으면서도 당사자가 아닌 사람 혹은 집단과 연대하는 방법은 양자 사이의 대화에 있다고 할 수 있으며, 이 대화가 가능하기 위한 가장 중요한 전제 조건은 결국 경청이라고 할 수 있다.

이러한 사실은 또한 장애인이 겪는 부정의 문제에도 적용될 수 있다. 만약 비장애인이 혼자서 당사자인 장애인의 삶과 그가 겪었던 부정의에 대해 온전히 파악할 수 있다면, 굳이 장애인의 말을 듣고 소통하지 않아도 될 것이다. 하지만 그럴 능력이 없으면서도 장애인의 목소리에 귀를 기울이지 않는 태도는 장애인과 관련된 모든 것을 대상화하여 자기중심적으로 파악하는 비장애인의 유아론적인 태도라고 볼 수 있다. 이는 비단 비장애인과 장애인 사이의 문제만이 아니라, 다른 유형의 손상을 지닌 장애인들 사이에서도 마찬가지다. 대표적으로 현재 우리나라에서 시행 예정인 장애인 탈시설 관련 정책을 둘러싼 상황을 생각해 볼 수 있다.

장애인 탈시설 투쟁 운동은 장애인을 위해 정부가 제공한 시설이 실은 장애인을 비장애인들로부터 분리하고 사회로부터 격리하는 수용소나 다름없다는 장애인들의 주장에서 시작되었다. 따라서 그들이 필요로 하는 것은 시설에서 비장애인과 격리되어 살아가는 것이 아니라, 비장애인과 함께 사회 속에서 함께 어울려 사는 것과 이를 가능하게 해주는 정부 차원의 지원이다.[37] 그러나 중증 발달장애인 부모들은 정부의 탈시설 정책에 반대하는데, 그 이유는 주위의 도움을 받으면 자립할 수 있는 일반 지체장애인과 달리 중증 발달장애인은 그렇지 못하다는 것이다. 또한 "(탈시설 운동을 하는) 단체사람들은 대부분 신체장애인이다. 그들은 사실 탈시설을 외쳐야 할 당사자가 아니다"라며 시설 이용자의 79%가 중증 발달장애인인 현실을 고려했을 때, 탈시설 정책은 중증 발달장애인에 대한 폭력이라고 주장한다.[38] 물론 정부가 탈시설 이후에 중증 장애인에 대한 대안적 돌봄 정책을 수립한다면, 중증 발달장애인 부모들 역시 탈시설을 반대하지 않을 것이다. 하지만 이 사례에서 주목해야 할 것은 중증 발달장애와 신체장애를 포괄하는 장애인이라는 큰 범주에 함께 속하더라도, 어떤 신체 손상을 입었는지 그리고 어떤 유형의 장애인지에 따라 서로 다른 이야기를 할 수 있다는 사실이다.

이와 관련해서 김도현은 니라 유발-데이비스(Nira Yuval-Davis)의 입장에 따라 횡단의 정치가 표방하는 이념을 장애인 해방 운동의 핵심으로 주장한다. 횡단의 정치는 곧 "자신의 개별성을 보존하면서도 그 개별성들 간의 교차, 횡단, 소통을 통해 일련의 연대적, 집합적 공동을 이

---

37 이와 관련된 내용은 전근배, 「장애인운동과 국가 – 복지와 민주주의에 대한 물음」, 『현대사상』 제21호, 대구대학교 현대사상연구소, 2019 참고할 것. 그리고 최근에 정부는 '탈시설 장애인 지역사회 자립 지원 로드맵'을 내놓았으나, 당사자들의 요구가 제대로 반영되지 않았다는 우려가 제기되고 있다. 이와 관련해서는 허현덕, 「정부, 결국 탈시설 없는 '거주시설 변환' 중심 로드맵 내놔」, 『비마이너』, 2021. 08. 02.

38 류인하, 「부모 100명이 상복 입고 보건복지부 청사 앞에 선 이유」, 『경향신문』, 2021. 07. 30.

루는 것"이라고 할 수 있다.[39] 장애 정의론을 횡단의 정치로 이야기하려는 김도현의 입장은 장애인의 정체성을 포기하지 않으면서도 비장애인과의 소통-대화에 기반한 연대를 통해 장애 문제를 해결해야 한다는 것을 내포하고 있다고 할 수 있다. 내가 보기에 이러한 소통의 전제 조건은 경청이다. 왜냐하면 "경청은 타자로 하여금 비로소 말을 하게" 만들기 때문이다.[40] 이처럼 경청은 타자에게 권위를 주는, 즉 일종의 "타자를 강화하기(strengthening the Other)"라고 할 수 있다.[41] 나는 경청이라는 윤리적 행위가 장애 정의론이 필수적으로 고려해야만 하는 요소라고 말할 수 있는 이유가 바로 여기에 있다고 생각한다.

경청이 장애 정의론에 중요한 또 다른 이유는 기존의 장애 정의론이 가지고 있는 한계를 통해서도 확인할 수 있다. 간단하게 살펴보면, 기존의 장애 정의론에 관한 논의는 크게 계약론과 비계약론을 기준으로 구분할 수 있다. 여기서 계약론은 주로 롤즈(John Rawls)의 정의론을 기반으로 해서 전개되며, 비계약론은 센과 누스바움(Martha Nussbaum)의 역량 접근을 기반으로 전개된다.[42] 목광수에 따르면, 전자는 롤즈가 원초적 입장에 들어오는 참여자들의 조건을 제시한다는 점에서 그 조건을 충족하지 못하는 장애인은 계약 당사자가 될 수 없다는 배제의 문제가

---

39 이동수·정화열, 「횡단성의 정치: 소통정치의 조건」, 『한국정치연구』 제21집(3), 서울대학교 한국정치연구소, 316. 횡단의 정치에 관한 김도현의 입장은 김도현, 『장애학의 도전』, 276-298. 이와 관련하여 니라 유발-데이비스는 횡단의 정치의 핵심으로 대화를 주장하는데, 나는 이 대화의 전제 조건은 경청이라고 생각한다. 이와 관련된 내용은 니라 유발-데이비스, 『젠더와 민족』, 232-237.

40 한병철, 『타자의 추방』, 이재영 옮김, 문학과지성사, 2017, 109.

41 Risser, James, "Hearing the Other: Communication as shared life", *Journal of Applied Hermeneutics*, 2019, 8.

42 계약론과 비계약론의 구분, 그리고 각각에 대한 이어지는 서술은 목광수, 「장애(인)와 정의의 철학적 기초」, 151-167 참고할 것.

발생한다. 그 결과, 비장애인이 장애인의 물질적 보장 수준을 정하고 장애인은 그들 앞에서 자신이 수혜 대상임을 입증해야 한다는 점에서 또한 자존감 훼손의 문제가 발생한다. 반면에 후자, 특히 누스바움은 계약을 통해 합의된 분배 원칙에 따라 재화를 분배하는 것이 아닌, 자신이 제시한 10대 역량의 보장을 위한 분배를 주장한다. 물론 이런 점에서 계약론과 차이가 있지만, 누스바움은 장애인이 보장받아야 할 역량을 합의해야 한다는 점에서 계약론과 마찬가지로 합의 과정에 장애인이 배제되는 문제에 직면하며, 아울러 장애인을 "역량이 부족한 의존적인 존재"로 간주한다는 점에서 자존감 훼손의 문제 역시 여전히 남아있다.[43] 특히 계약론과 누스바움의 비계약론 모델에서 공통으로 발생하는 문제, 즉 정책을 마련하는 과정에서 장애인을 배제하는 문제는 장애인이 공정한 분배를 위한 원칙에 합의하는 과정에 참여하지 못하게 한다는 점에서, 또한 자기에게 필요한 핵심 역량을 규정하고 강화하는 과정에 참여하지 못하게 한다는 점에서 내가 제시했던 정체성 배제의 한 형태라고 할 수 있다.[44]

이처럼 기존의 장애 정의론은 크게 장애인의 참여 배제와 자존감 훼손이라는 두 가지 문제에 직면해 있다. 따라서 앞으로 새롭게 등장하거나 혹은 기존 이론을 보완·수정함으로써 등장할 장애 정의론은 이러

---

43 목광수, 「장애(인)와 정의의 철학적 기초」, 167.

44 이와 관련하여 김은희는 롤즈의 정의론이 공정한 분배 원칙을 마련할 때 장애인과 같은 사회적 약자들에게도 혜택이 돌아가게끔 충분히 고려함으로써 그들을 배제하지 않는다고 주장한다. 하지만 내가 보기에 여기서 발생하는 배제의 문제는 장애인이 수혜 대상에서 배제된다는 점이 아니라, 그들이 무엇이 불편하고 필요한지에 관한 당사자들의 생각이 반영되지 못한다는 데 있다. 김은희는 주로 전자의 관점에서 배제를 논한다. 자세한 내용은 김은희, 「취약한 존재를 위한 정의론: 사회계약론, 역량접근법, 돌봄 윤리의 대결」, 『철학연구』 제122집, 철학연구회, 2018, 171-207 참고할 것.

한 두 문제를 포괄하는 정체성 배제의 문제를 해결하는 데 초점을 맞춰야 할 것이다. 내가 보기에 정체성 배제의 문제가 발생한 직접적인 원인은 기존의 장애 정의론에 장애인을 개별적인 행위 주체로 인정하려는 시도가 부재하기 때문이라고 할 수 있다. 그리고 그것이 부재한 이유 중 하나는 장애를 사회 구조의 문제로만 보려는 사회적 모델이 잘 보여주는 것처럼, 무의식적으로 장애인을 능동적인 존재라기보다 비장애인의 배려와 도움이 필요한 존재로 파악하는 우리의 선입견 때문이라고 할 수 있다. 하지만 앞서 2절에서 허시먼과 스미스가 주장하였듯이, 장애가 사회 구조에 의해 발생하는 문제라고 하더라도 장애인이 입은 손상은 사라지지 않는다. 그리고 손상을 입은 장애인의 경험은 비장애인의 경험과 다를 수밖에 없다.[45]

물론 장애인 당사자가 장애와 관련된 연구를 수행할 수도 있다. 그러나 여기서도 주의해야 할 점은 자기가 장애인이라고 해서 세상의 모든 장애인의 삶을 대변할 수는 없다는 점이다. 따라서 정체성 정치를 지양하면서도 당사자성을 포기하지 않는 장애 정의론은 장애 당사자인 연구자가 연구할 때 역시도 경청의 태도를 이론적으로 정립할 것을 요구해야 한다고 할 수 있다. 정리하자면, 장애인의 정치 참여 배제와 자존감 훼손을 포괄하는 정체성 배제의 문제를 해결하기 위한 장애 정의론은 장애인을 개별적인 행위 주체로 인정하고, 그들의 이야기를 통해 자

---

45 한편 장애 정의론을 재분배(redistribution)와 인정(recognition)으로 구분하는 시도도 있다. 이러한 시도에서 계약론과 비계약론은 기본적으로 '재분배' 쪽으로 분류되며, 여기에 장애인을 자기만의 경험을 가진 한 명의 주체로서 존중하는 '인정'의 중요성을 수용하려는 시도들이 존재한다. 재분배와 인정을 모두 고려하려는 이론적 시도는 중요하며, 이는 앞으로 더 연구할 필요가 있는 부분이라고 할 수 있다. 자세한 내용은 Putnam, Daniel, Wasserman, David, Blustein, Jeffrey, Asch Adrienne, "Disability and Justice."

신들이 겪은 부정의와 이를 해결하기 위한 대안에 대해 직접 말하게끔 하고, 이에 대한 경청을 이론적으로 고안하는 것이 필수적이라고 할 수 있다.

5. 나가며

다음은 박완서의 소설 「도둑맞은 가난」의 마지막 부분이다.

> 나는 우리 집안의 몰락의 과정을 통해 부자들이 얼마나 탐욕스러운가 를 알고 있는 터였다. 아흔아홉 냥 가진 놈이 한 냥을 탐내는 성미를 알고 있는 터였다. 그러나 부자들이 가난을 탐내리라고는 꿈에도 못 생각해 본 일이었다. 그들의 빛나는 학력, 경력만 갖고는 성이 안 차 가난까지를 훔쳐다가 그들의 다채로운 삶을 한층 다채롭게 할 에피소 드로 삼고 싶어 한다는 건 미처 몰랐다.[46]

소설 속 가난한 여자 주인공은 자신과 마찬가지로 가난해 보이는 어떤 남자와 자신의 자취방에서 동거한다. 그러나 그 남자는 부잣집 도련님이었으며, 재벌인 아버지의 말에 따라 소위 '서민 체험'을 위해 가난한 척했다는 사실을 주인공에게 고백한 뒤 주인공에 의해 쫓겨난다. 인용한 부분은 그 남자를 쫓아낸 후에 주인공이 부자에게 자신의 가난마저 빼앗긴 현실을 씁쓸하게 생각하는 부분이다. 이는 또한 나에게는 아무리 열심히 살아도 벗어나기 힘든 고통스러운 가난이 누군가에게는

---

[46] 박완서, 「도둑맞은 가난」, 『어떤 나들이』 1권, 문학동네, 1999, 337-338.

몇 주 혹은 몇 달 동안의 체험만으로 그것의 정체가 무엇인지 충분히 파악될 수 있는 한낱 '대상(object)'에 불과하다는 것에 대한 슬픔일지도 모른다.

우리는 이와 유사한 사례를 선거철만 되면 볼 수 있다. 후보자들은 서민을 위한 정치를 하겠다고 연설하면서 전통시장을 돌아다닌다. 그리고 소위 '서민 음식'을 먹으면서 그들의 처지에 '공감'하고, 자신도 그들과 다르지 않음을 강조하면서 그들에게 지지를 요구한다. 그러나 아프리카 주민들이 아프리카를 투어 하지 않듯이, 진짜 서민들은 민생을 투어 하지 않는다. 왜냐하면 그들은 이미 서민으로 살고 있기 때문이다. 오직 비(非)아프리카인만이 아프리카를 투어 하며, 비(非)서민만이 서민의 삶을 투어 한다. 마찬가지로 비장애인만이 장애를 투어 할 뿐, 장애인은 낯선 땅을 여행하듯 자기의 삶을 투어 하지 않고 직접 살아간다. 이처럼 자기가 살아오면서 얻은 가장 직접적인 삶의 내용은 타인의 공감이나 간접 체험으로는 온전히 파악될 수 없으며, 설령 가능하다고 하더라도 그 내용이 완전히 같다고 하긴 어려울 것이다. 왜냐하면 우리는 우리가 발 딛고 서 있는 위치에서 형성되는 관점으로만 세계를 파악할 수 있는 유한한 존재이기 때문이다. 즉 '내가 본 타인의 삶'이 '타인의 삶 그 자체'일 수는 없기 때문이다. 따라서 타자의 삶을 조금이나마 이해할 수 있는 길은 타자 역시 나와 마찬가지로 자기만의 고유한 삶의 맥락 속에서 살아온 존재라는 사실에 대한 인정과 그 타자의 이야기를 경청하는 태도라고 할 수 있다. 이러한 주장은 장애 당사자와 그 가족들의 이야기에서도 잘 드러난다. 장애 당사자로서 장애 해방 운동에 앞장서고 있는 변재원은 다음과 같이 말한다.

중증 장애인과 비장애인 활동가가 늘 염두에 두는 집회 현장의 의사소통 규칙이 있다. 내 생각은 내가 말하고 책임 또한 내가 진다는 것. 간단명료하면서도 중요한 신념이다. 생각과 말과 행동의 주체가 일치해야만 대화 상대에게 나의 뜻을 왜곡 없이 전달할 수 있기 때문이다. 누구나 쉽게 고개를 끄덕이며 수긍하고 말 당연한 커뮤니케이션 원칙 같지만, 이상하게도 장애 운동 현장에서 좀처럼 지켜지지 않는 규칙이기도 하다. 중증 장애인들의 표현은 종종 무시되기 일쑤다.[47]

장애 해방 운동 현장에서조차 집회의 이유나 목적 등을 당사자에게 직접 묻고 들으려고 하지 않는 비장애인의 장애인 "패싱(passing)"에서 모욕감을 느낀다는 변재원은 이러한 의사소통 방식이 부당하다고 지적하면서 "장애인 당사자들을 배제하지 않는 최소한의 존중"을 요구한다. 그리고 늘 그런 상황에서 "직접 물어보시겠어요?"라고 되묻는다고 말한다.[48]

또한 농인의 자녀를 일컫는 '코다(CODA, Children of Deaf Adults)'로 태어나서 자란 이길보라는 "장애인 스스로가 자신의 고통과 '원치 않는' 순간들에 대한 소유권을 쥐고 스스로의 서사를 말하는 것이 아니라, 비장애인이 장애인의 고통과 상실에만 집중할 때" 불편함을 느낀다고 말한다. 왜냐하면 비장애인의 이러한 태도의 저변에는 "에이블리즘(Ableism)", 즉 비장애인 중심주의적 사고가 깔려 있기 때문이다. 따라서 이길보라는 "장애가 있는 몸의 경험은 다층적이며 복합적이고 입체적이다. 농인 부모와 그의 자녀인 코다의 경험 역시 그렇다. 나는 납

---

47 변재원, 『장애시민 불복종』, 창비, 2023, 179-180.
48 변재원, 『장애시민 불복종』, 181-186.

작한 고통에 대해 말하기보다는 내 서사의 주도권을 갖고 싶다."[49]라고 말한다. 이를 통해 그녀는 비장애인의 관점에서 온전히 포착할 수 없는 장애인 당사자의 고통이 실재하며, 비장애인에 의해 전유되어 '납작해진 고통'을 두고 당사자들에게 공감한다고 착각하지 말 것을 요구한다. "우리를 제외하고는 우리에 관해 어떤 것도 하지 말라(nothing about us without us)"라는 잘 알려진 금언은 이들의 주장이 어떤 의미인지 잘 보여준다.

　나는 지금까지의 논의를 통해 장애인을 개별적인 행위 주체로 인정하고, 각자가 속해 있는 사회 속에서 손상과 함께 살아온 역사에 대해 이야기하게 하는 것, 그리고 그 이야기를 경청하는 윤리적 행위를 이론적으로 규정하는 작업이야말로 장애인들이 겪는 부정의를 해결하기 위한 이론적 시도인 장애 정의론의 필수적인 구성 요소가 되어야 한다고 주장하였다. 그리고 이 과정에서 '말하기'와 '듣기(경청)'라는 과정을 구분하여 강조하였다. '말하기'와 '듣기'는 결국 상호주관적 의사소통이라는 하나의 과정임에도 불구하고 두 과정으로 나누어 강조한 이유는, 대칭적인 상호주관적 의사소통이라고 하기엔 현실의 상황은 장애인과 비장애인 사이의 비대칭적 관계가 지배적이기 때문이다. 똑같은 인간이지만 보장받지 못하고 있는 권리를 위해 투쟁하는 자들을 '범죄 집단' 혹은 '특권 단체' 등으로 악마화하는 작금의 한국 현실에서는 두 과정을 분리하여 강조함으로써 적어도 장애 정의와 관련해서는 말하는 진영과 경청하는 진영이 분명해지길 바랐다.

　나는 지금까지의 이러한 기초적인 논의가 앞으로 새롭게 연구되고

49　이길보라, 『고통에 공감한다는 착각』, 창비, 2023, 49–50.

고안될 장애 정의론의 이론적 기초로서 고려되길 바란다. 또한 수정과 보완을 통해 발전되기를 바라며, 이로부터 장애인이 겪는 부정의를 해소하는 과정에 실제로 당사자들의 의견이 제대로 반영되도록 사회 전체가 노력함으로써 모두가 함께 어울려 살아갈 수 있길 바란다.

참고문헌

김도현, 『장애학의 도전』, 오월의봄, 2019.

김동규, 「장애와 역량적 접근 그리고 공공성의 변증법」, 『한국문학논총』 제79집, 한국문학회, 2018.

김수정, 「알라스디어 맥킨타이어의 덕윤리에 있어 서사적 통일성이 갖는 도덕적 위상」, 『윤리학』 제1권 1호, 한국윤리학회, 2012.

김애령, 『듣기의 윤리 - 주체와 타자, 그리고 정의의 환대에 대하여』, 봄날의박씨, 2020.

김은희, 「취약한 존재를 위한 정의론: 사회계약론, 역량접근법, 돌봄 윤리의 대결」, 『철학연구』 제122집, 철학연구회, 2018.

낸시 허시먼·로저스 스미스, 「'치료'와 '편의제공'을 다시 생각한다」, 『장애의 정치학을 위하여』, 바버라 아네일·낸시 허시먼 엮음, 김도현 옮김, 후마니타스, 2023.

니라 유발-데이비스, 『젠더와 민족』, 박혜란 옮김, 그린비, 2012.

목광수, 「장애(인)와 정의의 철학적 기초」, 『사회와 철학』 제23집, 사회와철학연구회, 2012.

박완서, 「도둑맞은 가난」, 『어떤 나들이』 1권, 문학동네, 1999.

변재원, 『장애시민 불복종』, 창비, 2023.

서도식, 「세계 개시로서의 진리와 해석 - 가다머의 예술론을 중심으로」, 『철학논총』 제64집, 새한철학회, 2011.

심귀연, 「기술시대의 인간과 장애에 관한 철학적 탐구」, 『철학논총』 제97집, 새한철학회, 2019.

심영의, 「타자(the Other)로서의 장애인 문학」, 『민주주의와 인권』 14(2), 전남대학교 5.18 연구소, 2014.

아마르티아 센, 『정체성과 폭력』, 이상환·김지현 옮김, 바이북스, 2020.

악셀 호네트, 「개명(開明)적 비판의 가능성」, 『정의의 타자』, 문성훈·이현재·장은주·하주영 옮김, 나남출판, 2009.

에릭 홉스봄, 『자본의 시대』, 정도영 옮김, 한길사, 1998.

이길보라, 『고통에 공감한다는 착각』, 창비, 2023.

이동수·정화열, 「횡단성의 정치: 소통정치의 조건」, 『한국정치연구』 제21집(3), 서울대학교 한국정치연구소, 2012.

전근배, 「장애인운동과 국가 - 복지와 민주주의에 대한 물음」, 『현대사상』 제21호, 대구대학교 현대사상연구소, 2019.

캐럴 토머스, 「장애 이론 - 핵심 개념, 이슈, 사상가」, 『장애학의 오늘을 말하다』, 콜린 반스, 마이클 올리버, 렌 바턴 엮음, 김도현 옮김, 그린비, 2017.

톰 셰익스피어, 『장애학의 쟁점』, 이지수 옮김, 학지사, 2013.

한병철, 『타자의 추방』, 이재영 옮김, 문학과지성사, 2017.

Branfield, Fran, "What are you doing here? 'Non-disabled' people and the disability movement: a response to Robert F. Drake", *Disability & Society* Vol. 13(1), 1998.

Drake, Robert, F., "What am I doing here? 'Non-disabled' people and the disability movement", *Disability & Society* Vol. 12(4), 1997.

MacIntyre, Alasdair, *After Virtue* (3rd ed.), University of Notre Dame Press, 2007.

Morris, Jenny, "Impairment and disability: Constructing an ethics of care that promotes human rights", *Hypatia* Vol. 16 (no. 4), 2001.

Putnam, Daniel, Wasserman, David, Blustein, Jeffrey, Asch Adrienne, "Disability and Justice", *The Stanford Encyclopedia of Philosophy* (Fall 2019 Edition), Zalta, Edward N. (ed.), URL=⟨https://plato.stanford.edu/archives/fall2019/entries/disability-justice/⟩ (2023. 12. 27. 접속).

Risser, James, "Hearing the Other: Communication as shared life", *Journal of Applied Hermeneutics*, 2019.

Sen, Amartya, *The Idea of Justice*, Harvard University Press, 2009.

Smith, Steven, "Social justice and disability – Competing interpretations of medical and social models", *Arguing about disability – Philosophical perspectives*, Kristiansen Kristjana, Vehmas, Simo, Shakespeare, Tom (ed.), Routledge, 2009.

Wasserman, David, Asch, Adrienne, Blustein, Jeffrey, Putnam Daniel, "Disability: Definitions, Models, Experience", *The Stanford Encyclopedia of Philosophy* (Summer 2016 Edition), Zalta, Edward, N. (ed.), URL=⟨https://plato.stanford.edu/archives/sum2016/entries/disability/⟩ (2023. 12. 27. 접속).

인터넷 뉴스

강혜민, 「[팩트체크] 장애등급제 폐지하면서 정부는 장애계 의견 충실히 들었을까?」, 『비마이너』, 2022. 09. 21., URL=⟨https://www.beminor.com/news/articleView.html?idxno=23951⟩ (2023. 12. 27. 접속).

권태욱, 「與, '쇼'로 지지율 올리려면 차력사 출연시켜라」, 『프레시안』, 2006. 09. 27., URL=⟨https://www.pressian.com/pages/articles/81670#0DKU⟩ (2023. 12. 27. 접속).

류인하, 「부모 100명이 상복 입고 보건복지부 청사 앞에 선 이유」, 『경향신문』, 2021. 07. 30., URL=⟨https://www.khan.co.kr/national/national-general/article/202107301100001⟩ (2023. 12. 27. 접속).

이창준, 「장애등급제 폐지 이후 일부 활동지원서비스 오히려 줄었다」, 『경향신문』, 2021. 07. 01., URL=⟨https://www.khan.co.kr/national/national-general/article/202107010930001〉(2023. 12. 27. 접속).

허현덕, 「정부, 결국 탈시설 없는 '거주시설 변환' 중심 로드맵 내놔」, 『비마이
너』, 2021. 08. 02., URL=〈https://www.beminor.com/news/articleView.
html?idxno=21773〉(2023. 12. 27. 접속).

Inhalt

Studien

Thomas Scheffer   Soziologie im Klimawandel. Protokoll des Revisionsbedarfs

Andreas Streinzer, Almut Poppinga, Anna Wanka, Georg Marx
»... wie macht man das, wie schafft man das«?
Verflochtene Versorgung in der Pandemie

Christian Budnik   Vertrauensbeziehungen in der digitalen Kommunikation.
Eine philosophische Betrachtung

Stichwort: Vergemeinschaftung durch Misstrauen?

Greta Wagner   Einleitung

Jeannie Moser   Das Misstrauen der ›Querdenken‹-Mesalliance

Eva Marlene Hausteiner   Demokratische Dynamik oder ideologische
Verführung? Verschwörungsgerüchte auf dem
politiktheoretischen Prüfstand

Pavan Kumar Malreddy   Verbunden im Konflikt. Der Staat, die Straße und
das organisierte Misstrauen

Ute Frevert   Misstrauen in Diktatur und Demokratie.
Schlaglichter auf das 20. Jahrhundert

:: 그레타 바그너 Greta Wagner

베를린 자유대학과 프랑크푸르트 대학에서 사회학을 공부했으며 프랑크푸르트 대학에서
신경 향상에 관한 비판적 연구로 사회학 박사학위를 받았다. 다름슈타트 공과대학 사회학
과를 거쳐 프랑크푸르트 대학 사회학과에서 문화사회학 교수로 재직 중이다. 프랑크푸르
트 사회연구소의 주요 일원이며, 현재『베스텐트』편집위원을 맡고 있다. 최근에는 "다중
위기 상황에서의 원조의 한계"에 관한 연구 프로젝트를 진행 중이다. 주요 저서로『자기
최적화: 신경 향상의 실천과 비판』『번아웃, 피로, 탈진: 현대인의 고통에 대한 학제적 관
점』(공저)『비판에 직면한 위기』(공저) 등이 있다.

:: 지니 모저 Jeannie Moser

빈 대학에서 의학과 민족학, 독문학을 공부했으며 빈 대학에서 향정신성 의약품의 지식과
서사에 관한 연구로 독문학 박사학위를 받았다. 베를린 공과대학과 빈 대학 독문학 교수
를 거쳐 함부르크 과학문화진흥재단에서 불신에 관한 문학과 지식을 연구하고 있다. 주요
저서로『지식과 서사: 인간과학의 내러티브』(공저)『향정신성 약물: LSD 전기』『행동 디자
인: 1960년대와 1970년대의 기술 및 미학 프로그램』(공저) 등이 있다.

:: 에바 마를레네 하우슈타이너 Eva Marlene Hausteiner

베를린 대학과 포츠담 대학에서 정치학을 공부했으며 베를린 대학에서 제국 질서의 정
당화 전략에 관한 연구로 정치학 박사학위를 받았다. 본 대학에서 20세기 미국, 소련, 유
럽연합의 연방주의 개념에 관한 연구로 교수자격학위를 취득했다. 뉘른베르크 대학 정
치이론 및 사상사 교수로 재직 중이다. 최근에는 정치적 지속성의 합의된 규범에 관한 연
구 프로젝트를 진행 중이다. 주요 저서로『로마보다 위대한: 영국 제국주의 재정의 1870-
1914』『연방주의: 국가 너머의 모델』(공저)『제국 이해하기: 이론, 유형, 변형』(공저) 등이
있다.

:: 파반 쿠마르 말레디 Pavan Kumar Malreddy
켐니츠 공과대학에서 포스트식민주의 이론에 관한 연구로 박사학위를 받았다. 프랑크푸르트 대학 영문학 교수로 재직 중이다. 동아시아, 아프리카, 남아시아, 아랍어권에 중점을 둔 20세기와 21세기 비교 영문학 및 문화를 연구하며 분쟁, 공동체 유대감, 반란, 포퓰리즘, 이주 등에 연구 초점을 맞추고 있다. 주요 저서로 『오리엔탈리즘, 테러리즘, 원주민주의: 포스트식민주의로 읽는 남아시아 문학』 『남아시아에서의 폭력: 동시대적 관점』(공저) 『반란 문화: 글로벌 남부의 세계문학과 폭력』 등이 있다.

:: 우테 프레베르트 Ute Frevert
뮌스터 대학과 런던 정경대학에서 역사와 사회과학을 공부했으며 빌레펠트 대학에서 역사학 박사학위를 받았다. 베를린 자유대학, 콘스탄츠 대학, 빌레펠트 대학 현대사 교수를 거쳐 미국 예일 대학 독일사 교수를 역임했다. 막스 플랑크 인간개발연구소 소장을 역임했으며 현재 감정사센터 소장으로 재직 중이다. 현대사 및 독일사뿐 아니라 사회사 및 젠더사의 전문가로, 특히 감정사 연구의 세계적인 권위자이다. 주요 저서로 『여성의 역사』 (공저) 『감정의 정치』 『굴욕의 정치』 『강력한 감정: 두려움에서 애정까지, 1900년 이후 독일사』 등이 있다.

:: 고지현

독일 브레멘 대학 철학과에서 발터 벤야민의 모더니티, 비평, 역사 개념에 대한 연구로 박사학위를 받았다. 프랑크푸르트 비판이론, 포스트모던 등으로 시각을 확장해 벤야민 사상을 철학적 시대 비판론으로 심화·발전시키는 데 주력해왔다. 가천대 아시아문화연구소에서 학술연구교수로 재직 중이다. 저서로『꿈과 깨어나기: 발터 벤야민 파사주 프로젝트의 역사이론』, 공저서로『프랑크푸르트학파의 테제들』『포스트모던의 테제들』『현대 페미니즘의 테제들』『근대 사회정치철학의 테제들』등이 있으며, 역서로『라디오와 매체』등이 있다.

:: 김광식

서울대 철학과를 졸업하고 독일 베를린 공과대학 과학·기술·철학과에서 인지문화철학 전공으로 박사학위를 받았다. 서울대 철학사상연구소 연구원을 거쳐 서울대 기초교육원에서 교양교육을 담당하고 있다. 저서로『행동지식』『BTS와 철학하기』『김광석과 철학하기』『다시 민주주의다』(공저)『세상의 붕괴에 대처하는 우리들의 자세』(공저)『근대 사회정치철학의 테제들』(공저) 등이 있으며, 논문으로「인지문화철학으로 되짚어 본 언어폭력」「인지문화철학으로 되짚어 본 동성애혐오」등이 있다.

:: 김주호

독일 프랑크푸르트 대학에서 사회학 박사학위를 받았다. 현재 경상국립대 사회학과에서 부교수로 재직 중이다. 세부전공은 정치사회학이며 특히 포퓰리즘과 로컬민주주의에 관심을 두고 있다. 최근 저서로는『비판사회이론: 경제학 비판』(공저) 등이 있으며, 논문으로「포스트민주주의와 포퓰리즘」「독점화된 지방정치에서 벗어나기」등이 있다.

:: 목광수

서울대 철학과를 졸업하고 동대학원에서 석사학위를, 미시간 주립대학에서 박사학위를 받았다. 현재 서울시립대 철학과 교수로 재직 중이다. 한국윤리학회와 한국생명윤리학회 부회장으로 활동하고 있다. 윤리학과 정치철학 관련 연구를 해오고 있으며, 최근에는 인공지능과 빅데이터의 윤리와 생명의료 윤리를 연구하고 있다. 저서로는『인공지능 개발자 윤리』『루치아노 플로리디, 정보 윤리학』『정의론과 대화하기』『인공지능 시대의 인간학』(공저)『인공지능의 윤리학』(공저)『인공지능의 존재론』(공저) 등이 있다.

:: 문성훈

연세대 철학과를 졸업하고 서울대 대학원을 거쳐 독일 프랑크푸르트 대학 철학과에서 악셀 호네트 교수의 지도로 박사학위를 받았다. 서울여대 교양대학 현대철학 담당 교수로 재직 중이며 『베스텐트』 한국판 책임편집자를 맡고 있다. 저서로 『미셸 푸코의 비판적 존재론』 『인정의 시대』 『새로운 사회적 자유주의』 『니힐리스트로 사는 법』, 공저서로 『프랑크푸르트학파의 테제들』 『포스트모던의 테제들』 『현대 정치철학의 테제들』 『현대 페미니즘의 테제들』 『근대 사회정치철학의 테제들』 등이 있으며, 역서로 『정의의 타자』 『인정투쟁』 『분배냐, 인정이냐?』(이상 공역) 『사회주의 재발명』 등이 있다.

:: 오근창

서울대 철학과를 졸업하고 동대학원에서 석사학위를 받은 후 미국 퍼듀 대학에서 박사학위를 받았다. 현재는 인천대 인문학연구소 학술연구교수로 있으면서 서울대에 출강 중이다. 주요 연구 관심사는 사회정치철학, 현대유럽철학 등이며, 관련된 연구 논문을 *Philosophy and Social Criticism*, 『철학』 등의 학술지에 발표했다. 역서로 『급진적 무신론』 등이 있다.

:: 정대훈

서울대 철학과를 졸업하고 동대학원에서 데카르트 연구로 석사학위를 받았다. 독일 프랑크푸르트 대학에서 크리스토프 멘케 교수의 지도 아래 박사학위를 받았다. 현재 부산대 철학과 교수로 재직 중이다. 공저서로 『근대 사회정치철학의 테제들』 『푸코와 철학자들』이 있으며, 역서로 『데카르트』 『뉴레프트리뷰 3』(공역) 『현대 영미 철학에서 헤겔로의 귀환』(공역) 등이 있다.

:: 조수민

서울시립대 철학과에서 박사과정을 수료하였다. 현재 악셀 호네트의 비판 이론으로 박사학위 논문을 준비하고 있으며, 주로 사회 정의론과 사회·정치철학에 관심을 갖고 있다.

:: 추정완

서울대 사범대학 윤리교육과를 졸업하고 동대학원에서 「도덕반실재론 비판을 통한 도덕실재론 연구」로 박사학위를 받았다. 현재 춘천교육대 윤리교육과 교수로 재직 중이다. 주요 관심 분야는 생명의료 윤리 분야를 중심으로 한 응용윤리, 헬레니즘 시대의 철학, 메타윤리학이다. 공저서로 『도덕성과 윤리교육』 『기후변화 시대의 시민교육』 『마음을 마음대로 조절할 수 있을까』 『시민교육탐구』 『서양 윤리 사상』 등이 있고, 역서로 『생명의료윤리의 원칙들』(공역) 등이 있다.

:: 홍찬숙

서울대 여성학협동과정 강사이다. 연구분야는 사회학 이론과 젠더 이론이다. 단독저서로
는『한국 사회의 압축적 개인화와 문화변동: 세대 및 젠더 갈등의 사회적 맥락』『개인화:
해방과 위험의 양면성』외에 2권이 더 있다. 공동저서로는『정보혁명: 정보혁명 시대의 문
화와 생명의 새로운 패러다임』『세월호가 묻고 사회과학이 답하다』『독일통일과 여성』외
에 6권이 더 있다. 울리히 벡의 저서 3권을 단독 번역했고, 그의 공동저서 1권을 공동 번
역했다.

불신의 공동체:
그리고 장애를 생각하다

베스텐트 한국판 11호

1판 1쇄 발행 2024년 12월 10일

편저자 연구모임 사회 비판과 대안
지은이 그레타 바그너 외
옮긴이 고지현 외
펴낸이 안희곤
펴낸곳 사월의책

편집 박동수
표지 디자인 김현진

등록번호 2009년 8월 20일 제2012-118호
주소 경기도 고양시 일산서구 중앙로 1388 동관 B113호
전화 031)912-9491 **|** **팩스** 031)913-9491
이메일 aprilbooks@aprilbooks.net
홈페이지 www.aprilbooks.net
블로그 blog.naver.com/aprilbooks

ISBN 979-11-92092-44-7 94100
ISBN 978-89-97186-10-5 (세트)

* 책값은 뒤표지에 있습니다.